AF303972

Samaa Hijazi

Ich komme aus Syrien

Leben zwischen Orient und Okzident

Bibliografische Information der Deutschen Nationalbibliothek:
Die Deutsche Nationalbibliothek verzeichnet diese
Publikation in der Deutschen Nationalbibliografie;
detaillierte bibliografische Daten sind im Internet über
http://dnb.dnb.de abrufbar.

© 2016 Samaa Hijazi
Beratung und Support:
Anita Schulze, Steffen Schulze
Herstellung und Verlag: BoD – Books on Demand,
Norderstedt

ISBN: 978-3-8423-5313-8

Inhalt

سورية

*Liebsten Dank an Steffen Schulze, meine größte Hilfe,
mein treuester Unterstützer und alles, was mir an
Vaterschaft, Freundschaft und Liebe schon immer
fehlte.
Ohne dich gäbe es dieses Buch gar nicht.
Danke.*

Vorwort

Dies ist kein politisches Buch. Es dient nicht dem Verständnis der politischen Lage in Syrien und es definiert nicht die Seiten, die in dem Land gegeneinander kämpfen. Es nimmt nicht Partei für eine Seite und unterstützt keinen in seinem Kampf. Die Idee dahinter ist nicht, dass die Leser jemanden abscheulich finden oder den anderen gut. Es kritisiert nicht und es gibt keine Lösungen vor.

In diesem Buch findet man Erzählungen, Gedanken und Geschichten von dem Leben eines Volkes das sich zur Zeit durch den Tod auf die Seite des Lebens durchzukämpfen versucht.

Was ich mit diesem Buch erreichen möchte, ist nicht genau begrenzt. Ein Ziel ist, die Leute die gerade versuchen das Meer zu überleben und die Hoffnung auf das Leben haben, mit denen die Politik in Europa sich zur Zeit beschäftigt und die Bevölkerungen der verschiedenen Länder überfordert sind, diese Leute vorzustellen, sie dem Leser näher zu bringen und die Beweggründe für ihre Fluchten zu erläutern. Für ein besseres Zusammenleben und mit der Bitte, um so viel Menschlichkeit wie man haben kann, schreibe ich dieses Buch.

Weil die Menschen über die Zeit immer wieder bewiesen haben, dass sie dazu fähig sind Kriege zu entfachen und dem Tod reiche, fette Beute zu bieten, möchte ich mit dem Buch heute auf die anderen Fähigkeiten setzen, die wir als Menschen auch haben und das ist der Willen zum Frieden. Jedes Land hat eine Armee, die sich nach den Wünschen der Politiker bewegt. Armeen, die schon immer zum Einsatz gebracht wurden um zu töten. Vielleicht erleben wir irgendwann den Moment, in dem die Kräfte der Soldaten der Welt und ihre Waffen, zur Schaffung des Friedens eingesetzt werden.

Mit Demonstrationen versucht man den Regierungen etwas zu sagen, mit Büchern den Menschen. Daher schreibe ich ein Buch, weil ich mehr an die Macht von Völkern glaube und hoffe, dass meine Worte euch ansprechen, dass sie eure Gefühle erschüttern und eure Herzen berühren. Daher bitte ich darum, dass ihr euch Zeit gebt beim Lesen und mehr mit dem Herzen, als mit den Augen lest.

***

Ich komme aus Syrien, ist die Aussage des Buches. Ein Satz, den ich nie sagen konnte, aber eine Einstellung zu der ich mich verpflichtet habe. Mit dem jordanischen Pass haben wir uns von unseren syrischen Freunden unterschieden, aber mit allem anderen haben wir uns gleich gefühlt. Syrien war das Land, in dem wir uns zu Hause gefühlt haben, dank der Freundlichkeit und der Liebe unserer syrischen Schwestern und Brüder. Da die Geschichten entweder in Syrien passiert sind oder mit

Leuten zu tun haben, die aus Syrien kommen und anderen die sich der Liebe dieses Landes widmen, so hat das Buch seinen Namen bekommen.

***

Es sind alles echte, reale Geschichten die auf dieser Welt in diesem Leben stattgefunden haben. An den hässlichsten Stellen dieses Buches, ist die Wirklichkeit noch viel hässlicher und an den schönsten Stellen ist sie auch tausend mal schöner. Denn die Geschichten die mich nicht erreicht haben bleiben uns allen verborgen und was ich von dem Land nicht gesehen habe, ist unerfassbar. Trotzdem hoffe ich, dass nachdem ihr das Buch gelesen habt, ihr Lust darauf habt etwas zu verändern.

Ich war hilflos und wusste nicht was ich für das Land, für Syrien machen kann. So habe ich angefangen ein Buch zu schreiben. Und du? Was wirst du machen?

<u>Schreib!</u>

Du warst sieben Jahre alt. Du hast wie alle anderen geantwortet, auf die Frage was du in der Zukunft werden möchtest. „Arzt" . Es war mehr das Echo der Wünsche deiner Eltern, so wie bei allen anderen Eltern. Und es ist zu deiner Realität geworden. Aber nach der Schule, auf dem Weg nach Hause hast du ein neues Heft gekauft. Darin hast du geschrieben, simple Wörter, einfache Gedichte. Das was man mit dem Wortschatz, den ein Zweitklässler besitzen kann, auszudrücken vermag. Mutter, Vater und alle deine echten Träume hast du mit Worten auf die weißen Seiten gepflanzt.

Größer wurde deine Liebe zu der Kunst des Schreibens. Größer sind deine Hefte geworden und deine Worte komplizierter. Du konntest sehen wie deine Mutter Gänsehaut bekam, wenn du ihr aus deiner Seele vorgelesen hast. Das warst du, dieses Heft und das wusstest du. Dass sie stark ist, diese Liebe zwischen euch, dass es die einzige echte Freundschaft ist, die du je begründet hast.

Irgendwo auf dem Weg haben sie dir deine Liebe gestohlen. Mit dem harten Blei in ihren Ohren gab es für deine Worte keine Hoffnung, den Weg zu ihren Herzen zu finden. Sie ist zu deiner einzigen Zuflucht geworden, deine Liebe. Und seitdem hat deine Liebe dich nur mit deinen Tränen auf dem Herzen umarmt.

Ein Krieg hat angefangen. Der Lärm ist viel lauter als das quietschen deines Stiftes auf der gequälten Oberfläche des Papiers. Wenn sie doch nur hören würden! Denn du hast auch was zu sagen. Aber sie haben tausend Ausreden, um dich stumm zu halten. Du hältst inne, gibst Ruhe und langsam wird der Baum deiner Gedanken nicht mehr von deinem Enthusiasmus begossen. Er vertrocknet. Es stirbt.

Ob Wissenschaft die Lösung ist? Du hast jeden Grund zu kämpfen, denn nur die Spuren deiner Akten werden anerkannt. Du handelst mit einer tauben Welt. Deine Stimme hat hier nichts zu suchen. Du bist weit weg vom Krieg, aber der Krieg ist dir so nahe wie nie. Du hast ihn in dir getragen. Aber was für einen Krieg? Wessen Krieg ist es? Du denkst, dass du deine Sprache nicht mehr erkennst. Du siehst, dass dein Volk dich nicht mehr erkennt. Keine Gefühle, nur kalte Fakten. Es ist die Zeit der Wissenschaft.

Aber halt! Hier ist ein Wort, welches du sagst und es brennt ein Schmerz in der Brust deines Zuhörers! Du hast ein Ohr gefunden das dir zuhört, ein Herz das dich fühlt, einen Verstand der dir glaubt.

Nach deinem Wort wagst du einen Satz und es blüht! Es sind Blumen, die du nicht kennst. Denn es heißt, dass diese Sprache nicht die deine ist. Aber doch, sie ist es. Weil sie deine Liebe wiederbelebt hat. Hat sie wieder zurück ins Leben gebracht. Du hörst wieder deine Stimme und du glaubst es könnte was werden. Es beschreibt jedes deiner Gefühle. Es erzählt alle deine Geschichten. Es trägt deine Ideen und pflegt deine Wünsche. Es ist doch deine Sprache.

Du bist zu wissenschaftlich geworden. Immer noch nicht genug um nicht mehr an Gott zu glauben. Aber zu viel um an die Kraft der Worte zu glauben. Dennoch siehst du, dass die Wissenschaft Völker vernichten kann, während die Literatur sie befreien kann.

Also ran! Nimm deine zerbrochenen Stifte und mach sie ganz. Tanz mit deinen Gedanken auf dem nackten Körper des verstaubten Papiers. Es hat dich lange genug vermisst.

Schreib!
Vielleicht ist das Schreiben mehr als eine Entlastung für deine kranke, verwundete Seele.

Schreib!
Hier gibt es Menschen die Lesen.

Schreib!
Hier gibt es eine Chance.

Es ist ein Wort, aber es wirkt Wunder.

Also, schreib!
Jetzt!

<u>ASAT</u>

Es ist Biochemie Unterricht an der Charite. Die Studenten versuchen sich zu helfen und innovative Arten auszudenken, um die Leberparameter voneinander zu trennen.

„ ASAT wie Assad, weißt du und das Enzym hat den anderen Namen Got, was auch passt." sagt einer.
„Aha ja wirklich gut. Assad, Got." wiederholt sie die Merkwörter.
„Was? Verstehe ich nicht. Was hat Gott damit zu tun?" frag ich interessiert.
„Na GOT ist auch ASAT und das verbindet man mit Assad. Baschar Al Assad, der syrische Diktator verstehst du?" erklärt der Erste.
„Ja. Verstehe." beende ich und rutsche zurück in meine Gedanken. Der syrische Diktator, wie mein Kommilitone das ganze zusammengefasst hat. Aber was ich weiß über diesen Mann, ist ein bisschen mehr als nur ein Substantiv.

Es ist jetzt klar. Viel ist passiert und keiner kann sich vorstellen wie es damals war. Aber ich kann es nicht leugnen, dass wir ihn damals, Jahre her, wirklich geliebt haben. Ich kann mich immer noch daran erinnern, wie manche Kommilitonen von mir an der Schule vor seinem Foto standen, das bei uns in der Klasse hing. Wie in jeder Klasse, in jeder Schule und jedem Amt und überall, einfach wie jeder arabischer Präsident oder

König, deren Fotos und das ihrer Familien überall hängen, vielleicht damit das Volk keine Sekunde vergisst von wem es regiert wird. Damals hat es uns nichts ausgemacht in Syrien. Uns, den jungen Leuten. Sie standen davor, die Mädchen, haben mit dem Bild geflirtet, denn er sah gut aus. Die Syrer aus der Region, aus der der Präsident stammt, haben ein den Europäern ähnliches Aussehen. Helle Augen, helle Haare und ein bisschen größer. Alles was das Herz vieler arabischen Mädchen begehrt. Es war lustig ihnen zuzuhören. Das Bild anzusehen und dankbar zu sein, für das schöne Land. Das sichere Leben und die billigen Preise. Wir wussten mit unseren jungen Jahren vielleicht nicht viel, über die Geschichte des Landes. Oder darüber was in den Gefängnissen geschah. Wir merkten nichts von dem, was nachher alles rauskam. Aus den früher verschlossenen Herzen der Leute, über die Ungerechtigkeit, die Entmutigung, die Grausamkeit. Wir waren glücklich, konnten feiern. Egal bis wie weit in der Nacht. Wir konnten rausgehen, auch am Abend. All das, was jetzt lange nicht mehr möglich ist in dem traurigen Land. Wir fühlten uns sicher und liebten unser Leben.

Seine Reden waren ein Traum. Alle haben immer drauf gewartet, dass dieser Mann den Mund aufmacht. Bei den arabischen Treffen waren seine Worte der Stolz des Landes. Sein perfektes Hocharabisch, was keiner der anderen arabischen Regenten sonst so gut beherrscht und seine Entschuldigung, nach jedem sprachlichen Fehler. Es war das, was uns alle so freute.

Arabisch ist in Syrien das einzige Unterrichtsfach, womit man durch ein ganzes Schuljahr fallen kann. Sonst müsste man immer zwei Fächer völlig verhauen, damit man durchfällt. Während man in Jordanien so stolz darauf ist, dass die offizielle Sprache an der Uni meistens Englisch ist, so ist es in Syrien unabdingbar, dass die Curriculen[1] auf Arabisch sind. Es war und bleibt der Stolz der arabischen Sprache, Syrien.

In jedem Krieg, der in der arabischen Gegend stattfand, hat Syrien einen unendlichen Fluss an Flüchtlingen herzlich empfangen, viele Palästinenser, Iraker, Libanesen, Somali. Die Syrer haben sogar an den Grenzen Begrüßungsstände aufgebaut, an denen die reinfahrenden Autos ihr erstes Essen, erste Getränke und was sie so brauchten, bekommen haben. Die Preise im Land sind angestiegen. Die Somalis, die Verwandte im Ausland hatten, die ihnen Geld geschickt haben, sie hatten viele Wohnungen belegt. So, dass es für die jungen syrischen Männer nach der Heirat keine Wohnungen zu mieten gab. Die Arbeitschancen wurden mit den Palästinensern und Libanesen geteilt. Keiner hat geschimpft oder sich beklagt, niemand hatte etwas dagegen gesagt. Die Grenzen blieben offen, das Land hat sich gefüllt. Alle waren großzügig und hilfsbereit. Alle waren echte Brüder.
Die Gastgeber sind nun zu Gästen geworden, die nur das Meer herzlich begrüßt. Die Welt ist einfach kein fairer Ort. Jede verlorene syrische Seele ist eine Schuld an die Menschlichkeit, die nicht zurückbezahlt werden

kann.

Während des Krieges um Gaza hat Assad gesagt *„Wir in Syrien, wir werden die Bilder Gazas getöteter Kinder zwischen den Spielzeugen unserer Kinder verstecken. Wir werden nichts vergessen, sie auch nicht."* da hat meine Mutter geweint. Aber wer versteckt jetzt die Bilder toter syrischer Kinder im Kinderzimmer seiner Kinder? Es waren schöne Worte, aber als es an das eigene Volk ging, da verstummten die Vokabeln und die Herzen sind an der Enttäuschung gestorben.

Nachdem die Probleme in Syrien begonnen haben, da haben wir alle auf die erste Rede des Präsidenten gewartet. An dem Tag für den angekündigt wurde er wird seine Rede halten, da konnten wir uns kaum mehr auf den Bänken in der Schule halten. Als die Glocken geläutet wurden, bedeutend, dass der Schultag zu Ende ist, an dem Tag liefen alle so schnell sie konnten nach Hause. Man erlebte eine freiwillige Ausgangssperre. 13:00 Uhr und keiner war auf der Straße. Man hörte aus allen Fenstern die Stimme der Fernseher. Auf dem staatlichen Fernsehkanal, wartend auf den Auftritt des Präsidenten. Man spürte, wie schwer die Minuten waren. Wie große Felsen lasteten sie auf der Brust des wartenden, syrischen Volkes. Alle haben auf seine tröstenden Worte gehofft. Alle hatten Angst, Angst vor dem was kommt, wenn dieser Versuch jetzt versagt. Und das wovor sich alle fürchteten, genau das ist dann passiert. Ich stürmte ins Haus rein und meine

Familie hat sich die Rede gar nicht mehr angehört. Wir haben auf eine Rettung gehofft, auf die Beruhigung des Volkes. Lösungen für die entstandenen Probleme erhofft. Er hat gar nichts davon gerettet und damit ging es los. Bis alles total verloren ging und keiner mehr weiß, worum es jetzt geht.

Was gerade in Syrien läuft, ist viel mehr als die Diktatur eines Systems. Es ist ein Chaos, in dem ein ganzes Volk verloren gegangen ist. Aus dem Chaos zieht man keine Gewinne. Was mit einer Revolution angefangen hat, es wurde jetzt zur absoluten Quälerei, die keinen Sinn mehr in sich hat.

Alles was die Leute jetzt wollen, ist Ruhe und Frieden. Wieder das wunderschöne Land zu haben, welches Syrien einstmals war.

ch denke soviel nach in der letzten Zeit. Zwischen dem was ich früher gelebt habe und dem was ich jetzt erlebe, habe ich manchmal das Gefühl, dass ich verloren gehe. *„Andere Welten"*, sage ich immer. *„Andere Welten"* antworte ich, wenn mich jemand fragt was der Unterschied ist, zwischen „Uns" und „Euch". Aber ist es wirklich so unterschiedlich?

Brot

H*ast du Angst?"* hab ich ihn gefragt.
"Wovor?" fragte er.
Auf einmal stürmte in mir die alte Angst hoch,
die Unsicherheit, die meinen ganzen Geist kontrol-
lierte, damals, als ich meine wilde Reise angetreten
habe. Es ist ein gefährliches Abenteuer, das alte Ge-
wohnte zu verlassen und ins Unbekannte zu springen.
Bei dem Sprung ist die Angst ein obligatorischer Beglei-
ter.
"Wovor?" und er erzählt weiter.
*"Du weißt doch wie wir leben. Hat Mama dir erzählt
was ich gestern gemacht habe?*
*So wie die Pharaonen den Israeliten mal das Leben
geschenkt und es ihnen mal genommen haben, so ent-
scheiden die Soldaten in der Stadt jeden Tag anders,
was unser Brot angeht.*
*Ich war in Damascus, wollte mich von einer Dozentin
an der Universität verabschieden und ihr ein Buch zu-
rückgeben. Ein großes Buch, um die zweitausend Seiten
schwer, so groß, dass ich meinen Rucksack brauchte,
um es zu transportieren. Nachdem ich meine Dankbarkeit ihr gegenüber ausgedrückt hatte, für alles womit
sie mir geholfen hatte, war mein Rucksack leer. Ohne
Bücher. Aber mein Herz war voll mit dem Gefühl des
Vermissens.*
*In einer Bäckerei in Damascus, so wie du sie kennst und
nachdem ich die lange Schlange überlebt hatte, konnte
ich zwei Bündel[2] Brot kaufen. Jetzt saß ich im Bus und*

am Sperrpunkt angekommen, mussten wir alle aussteigen. Das Brot hatte ich in den Rucksack gesteckt, ich
kann es kaum erdulden, es die ganze Zeit auf dem Arm
gehängt zu tragen. Einer hinter dem anderen haben wir
uns den Soldaten genähert und oh Wunder, es ist ein
-kein Brot rein nehmen dürfen- *Tag. Zwei Männer vor
mir hatten jeweils ein Bündel Brot auf ihrem Arm. Ein
sitzender Soldat hat dem ersten Mann sein Brot weggenommen und mit einem Schwung hat er es durch zwei
Türen in die Kabine geschmissen. Mit traurigen Augen
starrte der Mann auf das Essen seiner Kinder, das nun
auf dem schmutzigen, staubigen Boden lag. Mit zit-
ternder Stimme bat er um das Brot. „Nein!" antwortete
der Soldat kalt und trocken. „Aber die Kinder..... „"Nicht
erlaubt!" sagt der Soldat ganz ruhig. Der Mann geht
weiter und der nächste Mann kommt an die Reihe. Ein
älterer Mann. Der fängt sofort an, „Lass mich bitte..."
aber weg war das Brot schon und landete auf dem
Tisch des anwesenden Offiziers. Jeder der nun daran
vorbei laufen muss, wird schwer zu schlucken haben
und vor Schmerzen seufzen.*
Ich war mir sicher das sie meinen Rucksack untersuchen würden und hatte ihn herunter genommen. Aber
nachdem ich gesehen hatte, was dem ersten Mann
passiert war, setzte ich ihn langsam auf meinen Rücken
zurück und versuchte ruhig zu bleiben. Ein anderer Soldat kam dazu, einfach um uns schneller los zu werden.
Der Mann vor mir lief zu ihm und ich folgte ihm. Der
Soldat sah den Mann vor mir an und sagte geh. Nun
war ich an der Reihe und zeigte meinen jordanischen

*Ausweis vor. Gleich werden sie nach deiner Aufenthalts-
erlaubnis fragen, dachte ich mir noch, dann kontrolliert
er was ich auf dem Rücken habe. „Lauf!" sagte er und
ich konnte es kaum glauben. Ganz vorsichtig versuchte
ich meine Schritte zu beschleunigen und dabei trotzdem
unauffällig zu bleiben. Ich spürte die verdächtigen Blicke des anderen Soldaten wie Stiche im Rücken. Wenn
er mich jetzt ruft und feststellt, dass ich versuche Brot
zu schmuggeln, dann werde ich neben dem Brot des
ersten Mannes liegen und sie werden mir die Seele aus
dem Leib prügeln. Schneller laufe ich, meine Augen
trocknen aus, so weit habe ich sie aufgerissen. Mein
Herz schlägt so laut, dass ich Angst habe, es wird mich
an sie verraten, bevor ich außer Sichtweite der Soldaten bin. Es war mein Sieg für diesen Tag. „Ob ich Angst
habe?!" Frage lieber nicht, kleine Schwester."*

„Gott sei mit dir!" sage ich ihm hilflos. „Gott beschütze
dich, mein Schatz."

Ich fühle unendliche Traurigkeit. Ich denke an die anderen beiden Männer. Wäre ich ihnen nach gelaufen
und hätte jedem von meinem Brot gegeben? Es ist un-
fassbar, es ist so schwer.

Später laufe ich runter und gehe in den nächsten Ber-
liner Supermarkt.

„BROT" steht da ganz klar und breit auf dem Schild
und ich starre das Wort fassungslos an. Ich nehme ein

paar Brötchen und gehe mit schwerem, schmerzendem Herzen zur Kasse.

Dein Haus für Gott

Nichts tut ihr besser, als mit ihren Bäumen zu reden, sie zu pflegen und ihre Früchte in Dankbarkeit zu ernten. Das schöne große Haus, welches sie mit ihrem Mann gebaut hat, wird immer schöner. Die kostbaren Erinnerungen, die man damit hat, wie die Kinder groß geworden sind und im Sommer die ganze Familie sich dort getroffen hat. So viele Leute essen, lachen, schwimmen in dem großen Wasserbecken und freuen sich. Es ist mehr als nur ein Haus. Es ist ein Freund und ein Teil der Familie.

Mit ihrem Bruder fährt sie zu dem Haus und möchte nachschauen ob alles in Ordnung ist. Die Gegend ist noch nicht zu einem Schlachtfeld geworden, zwischen dem Militär und den islamischen Kämpfern, die aus der Stadt eine Basis für sich selbst machen wollen. Aber trotzdem, sie hat gehört dass die Häuser, welche nicht dauernd bewohnt sind, jetzt im Winter immer wieder geplündert werden.

Die Reichen der Kriege, nennt man die Leute die sich solche Situationen der gestörten Ordnung zu nutze machen und jede mögliche Chance ausnutzen, um sich zu bereichern. Raub, Hehlerei, Entführung, Erpressung und Mord. Alles ist möglich.

Tatsächlich, sie hat gesehen wie an den anderen Häusern die Türen fehlen. Die Fenster, Lampen und alles was man abschrauben kann. Aber in ihrem Haus fand sie etwas ganz anderes vor, nämlich die islamischen Kämpfer!

  Schnell sind die beiden Bewacher an dem Tor in Richtung des kommenden Autos gerannt. Ihre Waffen im Anschlag und auf die beiden Autoinsassen gerichtet.
„Stopp! Da anhalten." haben sie geschrien.
„Der Bruder blieb wie angewurzelt stehen. Und die beiden Geschwister tauschten einen fassungslosen Blick aus."
„ Aussteigen" schrie der eine mit einem bösen Blick. Vorsichtig leisteten die beiden den Befehlen Folge und versuchten so freundlich zu lächeln, wie sie nur können.
„Was wollt ihr hier?" fragte der Kämpfer schreiend. Warum schreien sie ständig, hat sie sich still in ihrem Kopf überlegt.
„Wir wollten zu dem Haus." sagte sie unsicher.
„Antworte du! Du bist doch der Mann hier. Frauen dürfen nicht reden, in Gegenwart der Männer." erklärte der andere dem Bruder, natürlich schreiend.
„Ja entschuldigt, aber das ist das Haus meiner Schwester und wir wollten herkommen, ein paar Sachen erledigen."
„Was erledigen?!" die Kämpfer wollen es jetzt ganz genau wissen.
„Gießen, putzen, ein paar Sachen holen so was halt." Die beiden Kämpfer flüstern irgend etwas. Ihre langen Bärte reiben sich aneinander. Einer dreht sich um und

läuft ins Haus, der andere bleibt mit seiner Waffe auf die Geschwister zielend, einsatzbereit.

Nach ein paar Minuten kommt der erste Kämpfer wieder aus dem Haus, gefolgt von einem Mann mit noch längerem Bart und einem weißen Tuch. Es fällt weich um seinen Kopf und Rücken. In den Händen trug er seine Gebetskette und auf seiner Stirn sah man den typischen dunklen Fleck.   Dieser soll zeigen, wie lange man mit der Stirn auf dem Gebetsteppich gebeugt bleibt.

„Frieden sei mit euch." begrüßt er die beiden.
„Frieden sei auch mit euch." erwidern sie den Gruß.
„So, meine Männer sagen mir, dass das hier dein Besitz sei." fängt er an auf Hocharabisch zu reden. Ganz so, als käme er aus einer alten Zeit. Aus welchem Land er kommt, können die beiden nicht erkennen. Die Frau würdigt er keinen Blickes. Und da er das Wort an sie richten musste, starrte er lieber auf den Boden.
„Ja es stimmt. Das ist mein Haus." bestätigt sie ruhig und kann diese Art von Beleidigung kaum ertragen. Aber sie zwingt ihre Aufregung mit ihren ganzen Kräften nieder.
„Du weißt doch, alle Häuser und alles auf dieser Welt gehört nur einem, und das ist Gott. Wir kämpfen hier in seinem Namen und für den Sieg seiner Religion. Daher hat er uns dieses Haus geschenkt. Die Männer finden das Haus gut. Du hast es gut bewahrt für die Rolle die es jetzt spielt, im Kampf gegen die Ungläubigen."

Schockiert und mit offenem Mund hören die beiden sein Gerede und verstehen kaum noch etwas von der Welt.

Ich bin Muslima und das ist mein Besitz. Wo steht in der Religion, dass man sich Sachen von anderen einfach so nehmen kann? Sie möchte diese Frage gerne heraus brüllen, aber sie hält sich zurück, fängt an zu zählen in ihrem Kopf eins, zwei, drei, … sie muss sich jetzt beruhigen.

„So ich bin mir sicher, dass du diese Ehre zu schätzen weißt und wir bedanken uns für deine Großzügigkeit."

„Sicher doch, gerne." Sie weiß, dass jede andere Antwort ihr Leben und das ihres Bruders in ernste Gefahr bringen würde und sie ist sich sicher, dass es das letzte mal ist, dass sie ihr geliebtes Haus sieht.

„Können wir aber kurz reingehen, ich brauch noch ein paar Sachen." fragt sie hoffnungslos.

„Ja. Aber denke daran, dass alles Gott gehört und wir jetzt seine Soldaten auf der Erde sind. Nimm uns nichts, was wir brauchen könnten."

„Natürlich nicht." Sie kann ihre Wut kaum noch unterdrücken.

In dem Haus hatten sich die Männer wirklich ausgetobt, sie erkannte es nicht mehr wieder. Tränen hat sie nicht gezeigt. Erst als sie wieder zurück war und ihrem Mann alles erzählte. Da baten die beiden den Gott, den sie kennen und lieben, um Gnade und weinten zusammen über den verlorenen Freund.

Man hört die Schüsse und Geschützfeuer. Die Leute sagen, dass es die regulären Soldaten seien, die gegen die islamischen Kämpfer vorgehen.

Ein paar Tage danach fährt sie mit ihrem Mann in Richtung ihres Hauses. Beide, die Hände auf dem Herzen, so stehen sie vor den Ruinen ihres Hauses und trauern.

Einmal in Jordanien habe ich auf einer Treppe gestanden, mitten in der alten Hauptstadt. Die Sonne schien so stark, so wie es die Deutschen lieben und so, wie ich es überhaupt nicht ertragen kann. Und ganz in Ruhe, habe ich allen Lärm um mich herum beobachtet. Wie die Leute so laut sind. Wie die Bäume so laut sind. Wie alles sich mit Leben bewegt. Und ich wusste schon, wenn überhaupt dann ist es das, was ich vermissen werde.

Toiletten

Entschuldigung, *würden Sie bitte kurz mitkommen."* In einem der Flüchtlingslagern in Berlin bittet mich die Putzfrau freundlich darum, mir kurz die Toiletten anzugucken. Verzweifelt stützt sie sich auf ihren Putzstock und schaut mir zu, als ich schockiert den Kopf wieder zu ihr drehe.

„Das verstehe ich gar nicht!" sage ich zu ihr.
Es waren die Toiletten für die Frauen. Die Flüchtlinge die dort untergebracht sind, kommen zum größten Teil aus Syrien. Sie sind also meine Leute und ich wusste gar nicht, wie ich der armen Frau diese Zustände rechtfertigen sollte! Nichtmal mir selbst.

Die Frauen um uns herum merkten die Aufregung und fragen mich, was los sei.
„Na schaut euch selber an was los ist! Wir haben Toiletten in Syrien, jetzt wenn ihr hier seid, wisst ihr anscheinend nicht mehr wie man sie benutzt!" versuche ich nicht meine Enttäuschung zu verbergen.
Als sie den Kot auf den Toilettenbrillen liegen sehen, können sie auch nichts dazu sagen.
„Ich bin mir sicher, dass es Kinder sind, die so was machen." fängt die Putzfrau an.
„Aber könnten sie vielleicht den Leuten sagen, sie sollten die Kinder nicht alleine auf die Toiletten gehen lassen? Uns verstehen sie nicht und es ist wirklich nicht schön, das ständig wegputzen zu müssen."
„Es tut mir wirklich unendlich leid! Wir müssen unbe-

dingt was dagegen machen. Schilder schreiben oder
alle in einem Raum versammeln und vor allen darüber
reden."

„Das wäre nett." lächelt sie zufrieden. Ob sie Deutsche
ist, konnte man nicht genau sagen. Aber egal woher sie
kommt, sie verdient jede Menge Respekt.

„Kommen Sie mit. Wir reden mit der Organisatorin und
schlagen Lösungen vor." reize ich sie an.

„Nein ich will nicht, ich weiß nicht. Nein, ich glaub lieber nicht." warum sie sich nicht getraut hat konnte ich
nicht begreifen! Aber es musste was gemacht werden
und als ich die verantwortliche Leiterin für das Lager
geholt habe, hatte die Frau noch viel mehr zu sagen.

„Also das Problem ist uns bekannt und es tut mir leid,
dass sie immer noch damit zu tun haben. Wir müssen
auf jeden Fall was tun." sagt die Leiterin in der Gruppe
von ehrenamtlichen Helfern, die sich gesammelt haben
um an der Diskussion teilzunehmen.

„Ja und bitte auch darauf hinweisen, dass sie das Toilettenpapier in die Toilette rein werfen sollen und nicht in
die Ecken, irgendwohin, oder in Tüten die wir dann ein-
sammeln müssen. Tut mir leid, aber meine Magenner-
ven sind irgendwann überfordert und es ist echt eklig."
alle nicken und geben ihr Recht, in ihrer Beschwerde.

„Und noch was." fügt sie hinzu „diese Pfützen immer
auf dem Boden. Damit haben wir alle ein Problem. Die
Kollegen haben auch erzählt, dass sie es nicht in Ordnung finden. Sie wissen ja, dass wir keinen Abfluss haben in den Toilettenböden, also wir können das Wasser
nirgendwohin schieben. Es sei denn, wir ziehen es den

*ganzen Weg durch nach draußen. Was aus der Toilette
eben nicht so hygienisch wäre. Dann müssen wir mit
den Wischlappen das Wasser aufwischen und dann
versuchen das Wasser in Eimer zu befördern, was nicht
so schnell geht und wofür wir manchmal unsere Hände
benutzen müssen. Darüber freut sich keiner von uns."*
„Aber wo kommt denn dieses Wasser her?" fragt die
Organisatorin ganz entsetzt.
„Sie nehmen Flaschen mit in die Toiletten." antwortet
eine der Mitarbeiterinnen. *„Das versteht keiner von
uns wirklich, aber wir haben es immer gesehen. In den
Händen der Männer, der Frauen und sogar die Kinder
nehmen Wasserflaschen mit in die Toilette."*
„Über die Männer Toiletten rede ich lieber gar nicht."
und die Putzfrau bewegt die Hand vor ihrem Gesicht,
als möchte sie ihre Gedanken weg scheuchen.
„Das ist echt merkwürdig!" kommentiert die Organisatorin.
„Eigentlich gar nicht und das könnte ich erklären." wer-
fe ich den Satz unsicher in die Runde.
Interessiert starren mich alle Augen an und als das
Schweigen schwer wird für alle, stößt mich die Organisatorin an *„Also schießen Sie los!"*
*„Man kann es sich vielleicht schwer vorstellen, aber die
Leute bei uns waschen sich danach. Es ist für sie nicht
genug, nach dem … naja, sie wissen schon dem Geschäft, sich einfach mit Papier abzuwischen. Sie finden
das sogar voll eklig. Sie nehmen Wasser dazu. Bei uns
in unseren Häusern, hat man sogar dafür einen eigenes
Sanitärteil, wo man sich drauf setzt wie auf eine Toilet-*

te und wo Wasser raus kommt. So macht man sich sauber. Oder mit einem Schlauch neben der Toilette. Aber nie ohne Wasser. Das ist eigentlich auch der Grund, warum man bei vielen arabischen oder auch türkischen Familien im Badezimmer eine Gießkanne neben der Toilette stehen sieht. Die wird dann auch zu diesem Zweck benutzt."

„Aha, ok wenn man dran gewöhnt ist, dann kann ich das schon verstehen." sagt die eine Ehrenamtliche.

„Es ist ehrlich gesagt mehr als nur eine Gewohnheit. Man sieht es als eine Pflicht für die Reinheit an. Die Reinheit, die in der Religion eine Bedingung ist, fürs Beten zum Beispiel."

„Guck mal an! Was man alles nicht weiß." sieht die eine Helferin ihre Nachbarin an, mit fröhlicher Miene.

„Alles klar. Und das Toilettenpapier?" fragt die Leiterin.

„Ja das benutzt man dann um sich abzutrocknen. Es ist also nur nasses Papier nicht unbedingt schmutzig, aber ich gebe dir recht." schaue ich die Putzfrau an.

„Ist trotzdem eklig."

„Warum werfen sie es aber nicht in die Toilette?" fragt die Putzfrau fassungslos.

„ Ach ja, sehen Sie in unseren Ländern sind die Abflussrohre anscheinend viel kleiner als sie hier sind. Wenn man da zwei mal Toilettenpapier rein werfen würde, geht beim dritten mal nichts mehr durch. Die Leute gehen hier bestimmt davon aus, dass das gleiche passieren würde und daher versuchen sie es irgendwo anders hin zu tun. Schon weil sie die Eimer, die sie dafür in ihren Häusern hatten, hier neben den Toiletten nicht *finden. Es ist einfach ein Missverständnis."*

„Aha! Alles klar."

„Na dann Leute, was schlagt ihr vor? Was könnten wir machen?" fragt die Leiterin alle in gespannt, heiterem Ton.

„Ich glaube, wenn sie das schon ihr ganzes Leben lang machen, dann macht es nicht so viel Sinn zu versuchen ihnen so was abzugewöhnen." sagt der eine.

„Nee. Müssen wir ja auch nicht. Ich würde sagen, wir stellen an jeder Toilette Feuchttücher hin. So müssen sie keine Flaschen mitnehmen." sagt eine andere.

„Dann müssen wir ständig darauf hinweisen, dass sie die Tücher benutzen sollten und Tüten wechseln und wenn sie davon was in die Toilette werfen dann haben wir auch eine Verstopfung."

„Wir könnten einen Wassersauger kaufen! Das spart den Putzkräften dann viel Arbeit."

„Hört sich sehr gut an." ruft die Putzfrau glücklich.

„So was ist aber mega teuer, würde ich mal denken." deutet ein ehrenamtlicher Helfer an.

„Das Geld ist erst mal kein Problem. Wenn es eine gute Lösung ist, dann machen wir es." meint die Leiterin ruhig und ernst.

Die Mühen und die Arbeit, die ehrenamtliche oder auch bezahlte Mitarbeiter leisten für die Flüchtlingsströme, ist unglaublich massiv. Diese Leute sind der Stolz der Menschlichkeit und für jeden von ihnen äußert Syrien seinen herzlichen Dank. Es ist klar, dass manche bei der Überforderung und der großen Last die auf ihnen ruht, ausrasten und sich nicht angemessen verhalten. Aber zum Mensch sein gehört auch das dazu.

Es ist eine ganz andere Kultur, mit der die Europäer es jetzt zu tun haben. Man kann nur versuchen sich vorzustellen wie unterschiedlich Kulturen sein können. Wie man in einem Land statt dem Ja ein Nein versteht und statt des kommen ein gehen. So anders sind die Flüchtlinge aus Syrien nicht, aber sie haben auch ihre Geheimnisse die entdeckt werden müssen wenn man auf eine Integration hofft und sich weniger Probleme wünscht.

Einfach fragen. Die Araber sind ein gesprächsbereites Volk, dass kann ich euch versichern.

Kekse

ast du mal die Angst in den Augen eines Kindes gesehen? Ein furchtbarer Anblick. Man hat das Bedürfnis eine ganze Welt zu zerstören, sie zu verbrennen. Eine Welt, die diesem kleinen Engel Unrecht antut.
Wie wäre es aber, wenn es auch noch dein eigenes Kind wäre? Es bräche dir das Herz.

Es sind Schulferien. Trotzdem kann die kleine Reem nichts machen, außer in der Stunde am Tag wo es vielleicht Elektrizität gibt etwas fern zu sehen. Sie tut ihrer Tante so leid. Aber was kann man dagegen tun? Draußen spielen ist unmöglich, bei den ganzen Gefahren in der Stadt und man kann es nicht riskieren. Die Konsequenzen könnten fatal sein.

„Reem meine Süße, komm lass uns was machen." ruft sie ihr zu.
„Was?" Ihre Augen strahlen vor Spannung.
„Komm, lass uns schauen ob wir Lazaiiat (arabische Pfannkuchen) *machen können."*
Die Kleine rennt glücklich in die Küche. Die Schränke werden geöffnet und die Enttäuschung wird immer größer. Die Belagerung der Stadt dauert jetzt bereits so lange, dass man in den Supermärkten praktisch nichts mehr kaufen kann. Die Stadt ist wie ausgeblutet.
Besorgt sieht die Tante, wie sich die Traurigkeit in Reem's Augen zurück schleicht.

„Na gut, rate mal was wir machen. Wir laufen in die nächste Stadt, hier ganz in der Nähe. Es wird schön Reem und dort kaufen wir Kekse.“
„Ja.“ lächelt das kleine Mädchen mit dem weißen, blassen, mageren Gesicht ihre Tante an.

Trotz der Gefahr laufen die Beiden in Richtung des Sperrpunktes. Der Ausweis der Tante wird streng kontrolliert. Dann erst laufen sie weiter. Sie erreichen die nächste Stadt und bekommen sogar Kekse zu kaufen. Weil es nicht mehr so hell ist, beeilt sich die Tante mit dem Einkauf, damit sie schnell zurück können. Wenn es dunkel ist, dann lassen sie niemanden mehr in die Stadt hinein und nur Gott weiß was den Beiden dann passieren kann.

Angekommen an dem Sperrpunkt, steht dort eine ältere Frau. Sie trägt an der einen Hand eine Tasche. Das Gewicht biegt ihren Körper zur Seite, mit der anderen Hand stützt sie ihren von den Jahren verkrümmten Rücken.
„Was ist das? Was hast du da?“ schreit ein Soldat sie hektisch an.
„Hallo mein Sohn. Frieden sei mit euch! Es sind nur ein paar Oliven, wir haben doch zu Hause nichts mehr.“ versucht sie den Soldaten zu beschwichtigen.
„Du weißt doch, keine Vorräte haben wir gesagt. Das gilt auch für Oliven!“ herrscht er das Mütterchen an.
„Es sind nur ein paar, mein Sohn.“
„Selbst wenn es nur eine einzige wäre.“ wütet er und

reißt ihr die Tüte aus der Hand. Er wirft einen Blick hinein und schüttet den Inhalt gleichgültig auf den Boden. Die nachtschwarzen Oliven rollen in alle Richtungen davon.
Vorsichtig tritt Reem einen Schritt zurück, hinter ihre Tante. Sie achtet sehr darauf, auf keinen Fall auf eine Olive zu treten.
„Gott gib uns Geduld." seufzt die alte Frau und geht ihres Weges.

 Der Ausweis der Tante wird wieder genau kontrolliert, dann geht es nach Hause.
Die Kleine gibt kein Geräusch von sich, gerade so, als wäre sie gar nicht da. Hoffnungslos schaut die Tante in die leeren Augen ihrer lieben Nichte.

 Reem stellt die Kekse wortlos auf den Küchentisch, dreht sich um und geht.
„Nimm dir doch einen!" ruft ihre Tante ihr hinterher.
Die Kleine mit ihren zehn Jahren, dreht sich um, schaut ihre Tante an und und sagt dann leise
„Bitte lass uns nie wieder Kekse kaufen, nie wieder."

Der Stall

Zu einer späten Stunde, tief in der Nacht fährt der Arzt nach langem, anstrengenden Dienst zurück nach Hause. Er erreicht die Stadt, ertrunken in der Dunkelheit, schwebend in den Träumen ihrer verbleibenden Bewohner, über den ihm bekannten Sperrpunkt. Er sieht niemanden, aber er wartet. Er weiß, selbst wenn nichts und niemand zu sehen ist, führe er weiter, so schlägt im nächsten Moment eine Kugel durch die Heckscheibe seines Wagens. So steht er und wartet.

  Nach fünf Minuten kommt ein Soldat. Missmutig läuft er auf das wartende Auto zu. Als er näher kommt, schreit er plötzlich dem Wartenden zu.
„Was treibt dich zu dieser Stunde durch die Nacht?"
„Ich will nach Hause" antwortet der Arzt, sichtlich müde.
„Was? In diesen Stall willst du rein?" fragt der Soldat darauf mit verzogenem Gesicht.
„Wie bitte?" der Arzt glaubt er hat sich verhört.
„Ja klar Stall! Kein Wasser, kein Brot, kein Gas, kein Benzin, keine Elektrizität. Gar nichts. Kann man das eine Stadt nennen?" pöbelt der Soldat weiter.
„Es ist ein Stall und du willst da wirklich rein?"
Der Arzt atmet tief durch und mit einem mal antwortet er dem Soldaten.
„Määääääähhhh!"

Der Soldat schüttelt den Kopf.

„Fahr durch!" und winkt ihn durch die Sperren.

In der Schule

n Syrien:

„Wo ist dein Vater?"

„In Holland."

„Wo ist das?"

„Na dort, wo man nicht hungern muß. Er sagt, bald werden wir zu ihm fliegen können. Und wo ist dein Vater?"

„Mein Vater ist in Schweden."

„Wo ist das?"

„Dort, wo man keine Angst haben muß. Er sagt auch, dass wir irgendwann wieder zusammen kommen können."

„Weint deine Mutter auch?"

„Ja. Jeden Tag."

Zur gleichen Zeit in Deutschland:

„Gestern hat Papa uns gefragt, wo wir in den Ferien

hinfahren wollen. Ich glaube, ich möchte gerne wieder an die Ostsee. Wir waren jetzt fast zwei Jahre nicht mehr da."
„Oh nein! Das ist ja mega langweilig. Wir fahren nach Italien und machen Städtehopping. Das wird wunderbar."

„Hmm, naja. Wir waren schon so oft in Italien und Europa überhaupt. Ich glaube, ich könnte vorschlagen, dass wir mal in die USA fliegen. New York ist supercool! Meine Eltern würden bestimmt nicht nein sagen."

"Gestern haben wir einen Schwimmteich bekommen."

"Igitt! Das ist doch dann ohne Chlor!"

"Ach was, es ist gar nicht so schlimm. In einem See ist auch kein Chlor und dort baden die Leute auch."

Während dessen in Syrien:

„Gestern haben wir eine Batterie bekommen. Jetzt haben wir fast fünf Stunden Strom am Tag!"

„Fünf Stunden? Oh Mann bin ich neidisch! Meine Mutter schickt mich immer wieder gucken, ob es Kerzen gibt und ich soll welche kaufen, damit wir Abends unsere Hausaufgaben schreiben können."

„Komm doch mal zu mir, dann können wir vielleicht

Computerspiele spielen.“

„Wow! Das habe ich so lange nicht mehr gemacht. Das
wäre schön!“

„Vielleicht können wir auch Samir fragen. Der arme,
sein Vater wollte auch weg. Nach Deutschland.“

„Und wo ist er jetzt?“

„Im Himmel.“

Es ist ein grausames Land, Jordanien. Vielleicht liegt es in der Geographie des Landes begründet. Die Wüste, viele Berge, wenig Wasser. Aber auch so wenig Liebe in den Herzen. Und trotzdem, ist es irgendwie wärmer. Und ich meine nicht das Wetter, sondern diese Art Wärme, die man auf der Straße empfinden kann. Zum Beispiel auf einer leeren Straße, in einer leeren Stadt, zusammen mit einer Freundin.

Arabische Brüder?!

Es ist die Politik eines Landes, die darüber entscheidet, wie viel seine Bürger wert sind.

Ein Dozent an der Damaskus Universität erzählte während einer Vorlesung die Geschichte von seinen Freunden, die für die Facharztausbildung in Deutschland waren. Fröhlich und rücksichtslos wie Männer sind, haben die beiden jungen Ärzte die Schnelligkeit ihres Autos auf den tollen Autobahnen Deutschlands genossen. Was ihnen aber ihre Freude völlig verdarb, war ein betrunkener Mann, der aus dem Nichts vor ihnen erschienen ist. Es gab keine Möglichkeit ihm auszuweichen. Total erschrocken haben sie angehalten, den Rettungswagen angerufen und alles gemacht, so wie man es eben bei einem Unfall tun sollte. Dabei bedauerten die beiden ihr schönes Leben und die Zukunft die vor ihnen lag. Alles verloren. Zwei Männer aus Syrien überfahren einen Deutschen, in Deutschland. Es gibt keine Chance, dachten sie. Wir sind fertig.

Jetzt kommt die Polizei. Der Beamte gibt den beiden Syrern einen Zettel, dreht sich um und geht wieder. Ihnen fallen die Augen aus dem Kopf.
„Entschuldigung, was machen wir jetzt?" fragt der eine.
„Sie fahren weiter und irgendwann bald bezahlen sie ihr Bußgeld." antwortet der Polizist.
„Aber 50 Mark!" sagt der andere ungläubig. Es ist ja

unmöglich, dass ein deutsches Leben 50 Mark wert ist. *„Ja sie dürften hier nicht so schnell fahren, wie sie gefahren sind, daher müssen sie bezahlen." „Aber der Mann? Der ist tot!"* sagen die Beiden.
„Der war betrunken. Niemand darf auf der Autobahn spazieren gehen. Sein Fehler, dafür können Sie nichts."

Voller Stolz auf die Gerechtigkeit eines anderen Landes, hat unser Dozent die Geschichte erzählt. Und viele andere Geschichten, die uns zeigen sollen wie toll Europa und wie faszinierend die USA sind. Das alle dort eine viel höhere Stufe der Menschlichkeit erreicht haben, während wir dem noch weit hinterher sind.

Man fragt sich, was ist bei dem ganzen falsch gelaufen!? Sind wir die Araber wirklich ein Stück zurück geblieben, im langen Weg der Evolution? Die ganzen Kriege, Angriffe, Unfälle, wir haben immer gescherzt darüber wie viele arabische Leben ein europäisches Leben wert ist. Tragisch aber wahr, denn man weiß was Frankreich machen würde für eine paar Franzosen die in einem Kriegsgebiet in Syrien stecken geblieben sind. Oder auch was die USA machen würden, für einen Amerikaner der im Irak fest genommen wird. Und man weiß auch was Jordanien, Saudi Arabien, UAE und die anderen tatsächlich machen, für ihre Bürger und die Arabischen Brüder.

Bevor die Grenzen zwischen Syrien und Jordanien von islamischen Kämpfern übernommen wurden, konnte man mit dem Bus nach Jordanien fahren. Eine Reise die im Frieden drei Stunden dauerte, zu Beginn des Krieges 22 Stunden gedauert hat und jetzt gar nicht mehr möglich ist.

Zu der Zeit als man Jordanien noch auf diese Art erreichen konnte, sitzend im Bus, es war der reine Wahnsinn was man dabei erlebt hat. Die tüchtigen Fahrer mussten sich immer wieder neue Wege überlegen, durch die verschiedenen Dörfer von Daraa und As Suwayda. Nicht mal fünfzehn Minuten ist man zwischen den verschiedenen Sperrpunkten gefahren und jedes mal musste man den neuen Hinweisen des Fahrers Folge leisten, nur um die Wünsche und Bedingungen der Sperrpunkt Besatzungen zu erfüllen.

Es sind Soldaten, also überlegt man sich die diplomatischsten Antworten darauf, was der Grund der Reise sei und wie man die Lage des Landes betrachtet. Es wird alles kontrolliert, man steht eine Stunde lang und guckt den Soldaten zu, bei ihrer Suche nach verbotenen Gegenständen zwischen dem Gepäck der Reisenden.

Dann fährt der Bus weiter und nähert sich dem nächsten Checkpoint. Der Busfahrer erkennt wer hier kontrolliert und ruft warnend, *„es sind Jabhat al-Nusra!"* islamische Kämpfer. Jede Frau achtet darauf, dass ihre Haare völlig bedeckt sind, dass die Kleidung lang genug ist und nichts von ihrer Gestalt verrät. Die Frauen die keine Muslime sind, müssen sich wie welche kleiden. Einer von den Kämpfern kommt, untersucht den Bus steigt aus und weiter geht's. Bis die andere Sperre kommt und so weiter.

Irgendwann erreicht man die syrischen Grenzen. Überall sind Leute, liegend auf der Straße, stehend vor den Türen. Kinder, Frauen, Männer alle wollen nach Jordanien. Alle wollen aus dem Krieg weg.

Die gelangweilten Grenzangestellten kontrollieren die Pässe. Für die Jordanier geht es ziemlich schnell. Für die Syrer ist es in 99% der Fälle eine Ablehnung der Reisewünsche. Aber inzwischen ist der elektrische Strom weg. *„Ja, ihr müsst alle warten bis wir wieder Strom haben."* Die Stunden vergehen, dann freuen sich alle wenn die Lampen wieder durch die Elektrizität glühen. *„Ihr müsst warten, bis das Internet da ist! Ohne Internet können wir nichts eintragen."* Nach einer Stunde rennen alle, weil das Gerücht umgeht, dass das Internet jetzt funktioniert. Ein Pass wird gestempelt und... *„Tja Ihr müsst noch mal warten, bis wir wieder Strom haben."*

Wenn alle ihre Pässe gestempelt haben oder gehört haben, dass die Reise für sie zu Ende ist, dann darf der Bus weiterfahren. Aber nicht der gleiche Bus, sondern ein anderer von der jordanischen Seite. Man vertraut keinem syrischen Bus so, als dass man ihn nach Jordanien hineinlässt, Sicherheitsbedenken. Aber die Busse, die jetzt zu 80% mit Jordaniern gefüllt sind, müssen sich beeilen. Denn ab einer bestimmten Uhrzeit in der Nacht, darf keiner mehr den jordanischen Grenzen nahe kommen. Die Jordanier? Ja das tut uns leid, es ist für die Sicherheit des Landes erforderlich, dass ihr bis morgen wartet. Hinten zu, dann vorne zu. Nun übernachtet man auf der 50 Meter Strecke zwischen zwei verbrüderten Ländern.

In Jordanien erlebt man die bittere Traurigkeit der 15% verbliebenen syrischen Mitfahrer, die von der jordanischen Seite zurück geschickt werden. Nach Stunden des Wartens, aus irgendeinem Grund. Und erst dann, nachdem der Bus fast alle seine Reisende verloren hat, fährt man in Jordanien mit den paar Jordaniern und dem einen oder anderen glücklichen Syrer weiter.

Trotzdem ist das kleine, arme Land überfordert mit der großen Anzahl an Flüchtlingen. Die Bedingungen in den Flüchtlingslagern sind so unvorstellbar schlimm, dass man erlebt wie manche Syrer mit ihren Familien zurück ins eigene Land fahren. Denn sie meinen, der Krieg und sogar der Tod in der Heimat sei ihnen lieber, als das Überleben unter solchen Bedingungen.

„Die billigen Syrer. Sie kommen und stehlen unseren Kinder die Arbeitschancen." erzählt eine Frau in Jordanien. Die Arbeitgeber, die für die gleiche Arbeit einem Syrer drei Dinar pro Stunde bezahlen, was knapp unter

4 Euro ist und was kein Jordanier sich gefallen lässt, sind ihrer Meinung nach nicht schuld. Sie sind schlau und wissen, wie sie aus dieser widerlichen Situation ihren Profit ziehen können.

Die syrischen Studenten dürfen nicht an den jordanischen Universitäten studieren, denn das syrische Abitur sei kein Vergleich zu dem jordanischen Abitur. Und wenn der Student Jordanier ist, dann hat er es verdient nicht studieren zu dürfen. Denn der Jordanier der in seinem Land bleibt und seine Schwierigkeiten bewältigen muss, darf nicht mit dem Jordanier verglichen werden, der das Geld nur von den Straßen in anderen Länder aufzuheben braucht. Dass es in Syrien nur Trümmer und leere Patronenhülsen aufzuheben gibt, das hat keinen interessiert.

Lustig, wenn man von den Verwandten gesagt bekommt
„Ja und? Bleib ein paar Jahre zu Hause in Syrien. Der Krieg dauert nicht für immer. Besser ohne Abschluss, als tot. Fahr nicht zur Universität, es ist zu gefährlich.". Aber wenn man sagt, ich möchte in Jordanien versuchen meinen Weg ins Ausland zu bereiten, ich will versuchen etwas anzufangen. Dann kommt die Antwort *„Ja dann sieh zu wo du bleiben kannst. Unsere Kinder hatten den letzten Sommer keine vernünftigen Ferien, weil ihr da wart und so traurig wart, dass eure Stadt bombardiert wurde."*

Die Prioritäten eines Menschen, definieren wer er ist.

Dennoch gibt es in Jordanien Leute, die Tag und Nacht arbeiten für die Neuankömmlinge aus dem Bruderland Syrien. Dank ihnen, überleben die Flüchtlinge in dem brüderlichen Land.

0 Flüchtlinge auf der Arabischen Halbinsel.
0 Flüchtlinge in der Stadt mit der höchsten Turm der Welt.
0 Flüchtlinge in der Stadt mit dem teuersten Feuerwerk des Jahres.

Kann man stolz darauf sein, dass man mit der jüngsten Ministerin der Welt in seiner Regierung, in einer deutschen Zeitung erwähnt wird? Wenn man gleichzeitig wegen der Enttäuschung eines ganzen Volkes in der Erinnerung zukünftiger Generationen gebrandmarkt wird?

0 Flüchtlinge.

Trotzdem findet man viele Syrer in Saudi Arabien. Viele aber, die ihr eigenes Geld verdienen, schon in Syrien reich waren und Saudi Arabien Nutzen bringen, wenn sie da sind. Das ist auch gut so, denn diese Leute sind die einzige Hilfe für viele Familien in Syrien, schon durch das Geld, das sie ihren Familien nach Syrien zurück schicken.

Zwanzig Syrer gefeuert, erfahre ich von der traurigen Frau des Bruders von einem dieser Zwanzig. Wie viele Familien durch den Verlust dieses Einkommens letztlich vom Tod bedroht werden, den saudischen Arbeitgebern ist es anscheinend egal.

Es ist die Enttäuschung, die man in den Nachbarländern erlebt, die Menschen dazu treibt, sich in die Wellen des Meeres zu werfen und fremde Menschen um Hilfe zu bitten. Denn nicht selten ist ein Freund die heilende Salbe für die Wunde, die mit dem Messer des Bruders geschnitten wurde.

Flüchtlinge auf der Suche nach der Menschlichkeit.

<u>Was wäre wenn...?</u>

ch habe vor einiger Zeit einen Roman gelesen. Darin entdeckten Wissenschaftler einen Kometen, auf Kollisionskurs mit der Erde. Große Angst herrschte und fieberhaft begann man nach Lösungen zu suchen. Es wurde beschlossen ein Raumschiff zu bauen und damit alle wichtigen Personen, jeden der mit Geld, Beziehungen oder Macht sich einen Platz darauf beschaffen konnte, auf den Mond zu evakuieren.
Auf der Erde bleiben alle Armen zurück. Am Ende des Romans trifft der Komet aber statt der Erde, den Mond.

Manchmal, da wünsche ich mir, das alle Menschen die in Syrien bleiben reichlich belohnt werden. Und die Reichen, Korrupten und Mächtigen endlich auch mal das Bittere im Leben kosten dürfen.

Liebe im Asyl

Sie war schon immer der größte Fan von Wörtern, Gedichten, Büchern und Gedanken. Es war ihre ganz eigene Lieblingswelt. Wenn sie las, dann war sie außerhalb der gewöhnlichen Welt und sie trauerte jedem Buch hinterher. Denn es wurde stets ihre neue Familie, die Geschichte und die Charaktere. Das war alles ihr Leben, das sie in tausend oder millionen unterschiedlichen Arten durch die Bücher erlebte.

„Ach Hala, was weißt du schon von der Liebe? Du hast doch niemals mit einem Jungen geredet." kicherten ihre Freundinnen, als sie versucht hat ihre Meinung zu dem Thema zu äußern.
Was wussten die denn davon? Hat sie sich gefragt.
Sie braucht keinen Mann um zu wissen was die Liebe ist. Alles was sie braucht, sind ihre Bücher und dann kann sie jedes Gefühl reichlich erforschen und intensiv erleben. Bis zum Orgasmus konnten sie die Worte bringen, nicht weil sie Sexbücher gelesen hat, nein, das hatte sie nicht. Sie mag es nicht wirklich an diese Art der Liebe zu denken, es waren mehr die sanften Beschreibungen der gequälten Seelen mit dem Geist der Liebe, die sie so hoch trugen, dass sie sich sicher war das stärkste Gefühl, was man von der Liebe spüren kann, könnte nichts anderes sein als das, was sie hier empfindet. Und sie nannte es ihren Orgasmus.

Hala ist auch eine praktische Frau. Die Bücher, die sie

gelesen hat, haben nicht nur ihr Herz erfüllt sondern
auch ihr Gehirn besetzt. Sie wollte das nie für eine
männliche Gesellschaft aufgeben und hat studiert, bis
es den Krieg gab.

 „Papa, ich will nach Deutschland."
„Wieso Deutschland?!" fragte der gute Vater.
„Wohin sonst? Ich habe einfach ein gutes Gefühl dabei
und möchte mein Glück dort probieren."
In der arabischen Gesellschaft weiß man, oder besser
gesagt weiß die Frau, einen guten Vater zu schätzen. Er
hört zu und denkt nach und hat einen größeren Wortschatz als nur Nein, das darfst du nicht.
So hat sie angefangen Deutsch zu lernen und holte sich
ihren Studienplatz an einer deutschen Universität.

 „Es ist wirklich eine trockene Sprache. Hör mal wie sie
Liebe ausdrücken, Ich Liebe dich! Wie furchtbar klingt
das denn?" sagte die eine Teilnehmerin im Sprachkurs
während der Pause.
„Als wäre es besser auf Arabisch, bhibek oder noch
schlimmer auf Hocharabisch Ohibuki." Mit übertrie-
bener Betonung auf jedem Buchstaben, zog der andere
Teilnehmer das letzte Wort in die Länge, so dass es sich
wirklich total komisch anhörte.
„Es heißt ja, dass Französisch die Sprache der Liebe sei.
Darin finde ich den Ausdruck auch am schönsten, je
t'aim.. das ist doch süß." sagte eine Dritte.
Träumend erläuterte Hala. *„Alle sind wunderschön,*
wenn das Gefühl, das damit verbunden ist, ehrlich ist,

dann ist es in allen Sprachen wunderschön."

In Deutschland entdeckte sie ihre Sprache wieder neu. Aus einer neuen Perspektive, nämlich der des Auslandes. Sie wusste besser was die Sprache ihr bedeutet, weil sie sie nicht mit jedem teilen konnte. Sie wurde zu einem mehr persönlichem Besitz ihrer Seele und im Deutsch lernte sie ihr neues selbst kennen. Die Sprache fand sie auch ein bisschen hart, bis er kam.

Früher, wenn sie gefragt wurde nach der Gestalt ihres Traummannes, da wusste sie nicht was sie sagen sollte. Jetzt braucht sie nur auf ihn zu deuten und sagen *„da, kannst du es sehen."*

Er ist 20 Zentimeter größer als sie. Sie hatte keine Ahnung, wie viel sie die Farbe des Himmels liebte, bis sie seine Augen gesehen hat und die Mischung von braun und gelb in seinen Haaren lässt ihr Herz singen.

Als Flüchtlinge ist ihre Familie ihr hinterher geflogen. Und sie hat sich keine Sorgen gemacht, was sie über ihren deutschen, nicht muslimischen Geliebten sagen würden. Denn sie weiß, dass sie die beste Familie auf der Welt hat. Eine Familie, die sie zur Welt gebracht hat, damit sie alles was hier ist genießen kann.

„Wenn du glücklich bist, dann bin ich es auch." sagte ihr Vater ganz gelassen, als sie ihm von ihrer Liebe erzählt hat.

„Was hat er, was die arabischen Männer nicht haben?" fragte die Mutter interessiert.
„Ach Mama." murrte Hala, denn sie hatte gehofft, dass sie solche Diskussionen nicht unbedingt durchmachen muss.
„Nein, ich frag nur. Ich bin auch der Meinung deines Vaters, solange du glücklich bist dann bitteschön, von mir aus!"
„Er schreibt." hat sie es ausgesprochen und ihre Stimme zitterte, als wären die beiden Wörter ein Lied.

„Weißt du, vielleicht hört es sich gemein an, aber ich bin dem Krieg in Syrien so dankbar." hat er ihr mal gesagt, bei einem ihrer Spaziergänge den Fluss entlang. Mit betrübten Augen guckte sie ihn an „Wieso?!"
„Weil er dich zu mir geführt hat."
Ihr Herz hüpfte vor Freude, immer wenn er in der Nähe war.
„Ich liebe dich." sagt er zu ihr, in seiner Sprache und keine andere Sprache klingt besser für sie in ihren Ohren.

Da war dieser Tag als wir das Gefühl hatten uns gehört die Stadt. Diese Freundin und ich waren nichts mehr, als zwei helle Punkte im Meer des schwarzen Kummers eines Volkes. In Damascus am Freitag, der Tag an dem in Syrien zu dieser Zeit sowas wie eine Art Ausgangssperre herrschte. Wir sind spazieren gegangen und haben Schawarma gegessen. Das war das erste Mal im Leben meiner Freundin das sie Schawarma aß. Wir haben erzählt und gelacht und die bösen Blicke der Soldaten an jedem Sperrpunkt, haben uns nichts ausgemacht. Ein schwacher, fast hoffnungsloser Versuch glücklich zu sein, in Zeiten der Angst und Verwirrung.

Integration?

R*ettet das zukünftige Syrien!"*
Wenn man den jetzigen Zustand Syriens betrachtet, fällt es einem schwer etwas positives
zu sehen. Aber in hoffnungslosen Situationen ist
es manchmal die beste Lösung in die Zukunft zu schau-
en.

Ich habe erlebt, wenn nach der Flucht ins Ausland, es
mit allen Papieren geklappt hat und die Familie anfängt
sich zu integrieren, die Kinder beginnen in die Kita und
Schule zu gehen. Und ich habe erlebt wie der arabische
Geist aus den Familien schwindet. Wie die Kinder die
arabische Sprache gerade noch verstehen, wenn die
Eltern darin zu ihnen sprechen. Selbst aber können sie
nur noch in einfachen Vokabeln antworten, wenn überhaupt. Es ist ja auch so gewollt, dass die Flüchtlinge
sich so schnell als möglich in die neue Gesellschaft
integrieren. Aber dann sollte sich bitte niemand wundern, wenn nach fünf, zehn oder zwanzig Jahren, dann
wenn der Grund zur Flucht nicht mehr existiert, die
einst Geflüchteten nicht mehr zurück gehen können
und wollen. Die Eltern, wenn sie hierher kommen, haben als allererstes den Wunsch, ihre Kinder ein neues
Leben beginnen zu sehen. So freuen sie sich über jeden neuen Freund, über jeden Geburtstag zu dem ihre
Kinder eingeladen werden, über jedes neue deutsche
Wort, welches die Kinder sprechen und das sie von ihnen lernen. So reden sie sich ein, dass das mit der ara-

bischen Sprache irgendwann schon noch kommt. Das ist nicht so schlimm, denn sie haben alles im Griff. Bis zu dem Zeitpunkt, an dem sie erkennen, dass sie sich geirrt haben und es einfach zu spät ist.

Es sind ihre Kinder, deren Freunde an der Schule Deutsch sprechen, deren Erzieher Deutsch sprechen, wo das Fernsehen auf Deutsch sendet, die Handys auf Deutsch eingestellt sind und alle Leute auf der Straße Deutsch reden. Dass diese Kinder die deutsche Sprache beherrschen werden, steht außer Frage. Aber es ist das Arabische, das in diesem Spiel verloren geht. Ein Zurück würde für diese Kinder eine Katastrophe bedeuten. Vergiss einfach, dass sie sich an das europäische Leben gewöhnt haben. Aber ihnen werden die essentiellen Mittel fehlen um ihr Leben in ihrem alten Heimatland führen zu können. Ein Kind das hier zum Lehrer wird, kann dort sein Buch nicht mehr lesen. Ein hier ausgebildeter Arzt, kann plötzlich dort keinen Patientenbericht lesen oder schreiben, oder seine Patienten verstehen. Niemand kann die Nachrichten im Fernsehen verstehen, Zeitung lesen oder auch nur einen einfachen Werbespot enträtseln.

Es ist wichtig und menschlich, den Leuten die vor dem Krieg fliehen zu helfen. Sie aufzunehmen und ihnen die Chance zu geben, ihr Leben weiter zu gestalten. Viele der Flüchtlinge hatten in Syrien bereits ihre Karrieren begonnen, in wichtigen Positionen und Berufen. Als Handwerker, Politiker, Wissenschaftler, eben allem woraus eine Gesellschaft besteht. Davon kann, darf und sollte auch die aufnehmende Gesellschaft profitieren. Wenn man sagen möchte, es ist selbstverständlich, dass die Menschen die vor dem Krieg fliehen, hier eine sichere Zuflucht bekommen, es trotzdem aber als temporäre Lösung zu betrachten ist und man eine Rückkehr dieser Menschen erwartet, sobald der Hauptgrund für ihre Flucht verschwunden ist. Ja dann muss man sich bitte auch um die richtige Balance zwischen Integration in die neue Gesellschaft und Bewahrung der eigenen Identität bemühen! Nach meiner Auffassung ist Sprachunterricht in Arabisch für Kinder ebenso wichtig, wie der in deutscher Sprache für Erwachsene. Damit meine ich Unterricht in Hocharabisch, der Sprache, die alle Araber über die Grenzen des Dialekt hinaus verbinden kann.

Das Land wird, wenn es ihm erlaubt ist sich vom Krieg zu erholen, jedes seiner Kinder brauchen. Und es wäre der größte Dienst, den man dem Land, der Kultur, der Sprache und den Geflüchteten selbst erweisen kann, wenn man ihnen dabei hilft, sich bei der Integration nicht selbst zu verlieren.

Operation

Was bei einer Narkose so alles schief laufen kann, würde einen Anästhesisten nicht unbedingt überraschen. Der Blutdruck steigt an, oder fällt in den Keller. Unerwünschte Zeichen des zu frühen Erwachens des Patienten. Es kommt alles mal vor. Womit ein Arzt hier aber nicht wirklich rechnen muss ist, dass sechs bewaffnete Männer seinen OP Saal stürmen und den Wunsch äußern, den auf dem OP Tisch liegenden Patienten mitzunehmen zu wollen.

Nach dem Geschrei der Schwestern und unter den verwirrten Blicken der Ärzte, fängt ein Soldat an die Geräte zu inspizieren.
„Macht ihn wach!" brüllt er die Ärzte an.
„Ähm, Herr Soldat, ich weiß nicht ob sie es bemerkt haben, aber wir sind noch bei der Arbeit und der Patient ist offen. Könnten sie kurz draußen warten?"
Ein anderer Soldat stützt seinen Arm auf das Bein des schlafenden Patienten.
„Ja egal, weckt ihn auf!"
Der Chirurg näht schnell den Patienten zu und schneller als der Anästhesist arbeiten kann, läuft die Geduld des Offiziers ab. Er läuft zur Tür und murmelt
„Los, holt ihn."

Und weg ist der Patient.

„Das wird ihn umbringen!" schreit der Anästhesist

hinterher.
Der Offizier antwortet gelangweilt
„Ist egal, der ist sowieso tot.“

Respekt

Wie viele Leute möchten eine ehrliche Antwort bekommen, wenn sie fragen *„Wie geht es dir?“*?
Nicht wirklich viele.

In der Mensa setze ich mich zu ein paar Leuten aus meiner Studiengruppe. Einer fragt, wie es mir geht. Besorgt? Unsicher, verwirrt, ängstlich, wütend.....
„Gut!“ antworte ich ihm und fühle mich gezwungen das zu tun, was ich selber gar nicht mag. Nämlich die Frage an ihn zurückzugeben, während es mich nicht weniger interessieren könnte wie es ihm geht.
„Mir geht's immer gut!“ schallt es mir entgegen. Wow! Ich versuche erst gar nicht meinen Neid darauf zu verbergen.
„Weißt du wem es nicht gut geht?“ redet er während dessen weiter.
„Wem?“ frage ich gelangweilt, denn ich weiß genau, wem es nicht gut geht.
„Den Franzosen! Ihnen geht es schlecht.“ bohrt es sich in meine Ohren.
„Ja, stimmt.“ schließe ich ab und ertrinke dabei in meinen Überlegungen.

Überall sieht man die Schriftzüge. *„Ich bin Charlie!“* *„Wir sind Charlie!“* Er, sie, es, alle sind Charlie.
Traurig! Der Tod, die Angst und all der Hass, die dabei entstanden. Und alles nur, weil man die gleichen Fehler

immer wiederholen möchte.
Ich bin die Tochter eines jeden Journalisten der bei dem Angriff starb, die Schwester jeder getöteten Journalistin. Es sind die Familien der Verstorbenen, die jede Art von Mitgefühl, Respekt und Unterstützung verdienen. Aber *„Ich bin <u>nicht</u> Charlie!"*.

Man kann sehen, das der Islam sich auf der Welt nicht so beliebt macht. Fast überall wo es diese Form der Religion gibt, gibt es auch Armut, Krieg und Ignoranz. Aber all das, was man sieht, wird nur durch die Menschen gemacht. So, wie sie die Religion interpretiert haben. Ob diese ganzen Probleme wirklich durch die Religion verursacht werden, bleibt unklar. Sicher ist hingegen, jede terroristische Aktivität, die im Namen des Islam ausgeübt wird, ist mehr ein Angriff auf den Islam selbst, als auf die Orte an denen sie begangen wird.

Die Karikaturen die die Zeitschrift veröffentlichte, boten jedem Terroristen den perfekten Vorwand seine Aggressivität auszuleben. Egal mit welcher Begründung. Hier wurden die Wut und der Ärger der Muslime missbraucht. Es ist wie absichtlich Dynamit anzuzünden und sich dann zu beschweren, wenn es explodiert. Wenn man Leute provoziert, indem man das beleidigt und verhöhnt was sie am meisten lieben und was ihnen am wichtigsten ist, dann sollte man sich nicht wundern, wenn man den Ärger und die Wut erntet die man mit diesen Bildern gesät hat.

Menschen, die im Krieg alles verlieren, ihre Kinder, ihre Häuser, ihr Vermögen einfach alles. Für diese Menschen ist ihre Religion fast alles was sie am Leben erhält. Was sie antreibt durchzuhalten. Warum versucht man diese Opfer des Krieges mit dem zu verletzten, was ihnen so wichtig ist?
Es heißt Meinungsfreiheit und jeder darf malen, schreiben und sagen was er will. Aber nur weil man es darf, muss man es tun? Wo hört die eigene Freiheit auf? Wo zieht der Respekt eine Linie? Wo bauen der Verstand und die Menschlichkeit eine freiwillige Grenze auf?

Es sind nicht die Extremisten die karikiert wurden. Die verdienen es aber wohl. Es sind die Grundlagen einer Religion und das, was Muslime in aller Welt für unantastbar halten! Es gibt Sachen, die sind nicht für den Spaß gemacht. Ein vereinzelter Fall würde nicht einen solchen Sturm auslösen, aber wenn eine Zeitschrift mit der Reputation von „Charlie Hebdo" dies tut und dafür auch noch weltweite Zustimmung erhält, das sollte doch ein gewisses Maß an Verantwortung wecken. Und man sollte sich schon vorher mal überlegen, welche Konsequenzen das eigene Handeln haben könnte.

Vorurteile sind manchmal tödlich.

Neulich saß ich in der S-Bahn, an einer der Stationen steigt eine Frau mit ihrer Tochter dazu. Das Mädchen ist vielleicht fünf Jahre alt und trägt Kopftuch. Ich würde mal vermuten, ihre Haare haben noch nie die Sonne gesehen. Schrecklich! Ich sehe die angewiderten Blicke in den Augen der übrigen Fahrgäste. Es ekelt mich selbst an und es macht mich so unendlich traurig, weil ich weiß, dass der Hass auf den Islam mit dieser Szene wächst. Nur das der Islam damit rein gar nichts zu tun hat.

Bei allem was im Namen der Religion getan wird, ist es nicht überraschend wie abschreckend sie geworden ist. Ich hätte den Islam vermutlich auch gehasst, wäre ich nicht in eine islamische Familie hinein geboren worden. So erhielt ich die Chance mich mit dieser Religion zu beschäftigen, mit ihr aufzuwachsen, sie zu verstehen.
Das soll jetzt nicht dahingehend missverstanden werden, dass ich die Leute dazu bringen will den Islam zu lieben und zu konvertieren. Aber nie darf man blind hassen.

Erst studieren, dann reagieren!

Beleidigungen haben niemals gute Folgen. Akzeptanz und Verständnis schon. Sie können uns eine wunderschöne, friedliche Welt bauen.
Eine, wie wir sie dringend brauchen.

Bananen

Unsere Mutter hat uns nie erlaubt Bananen mit in die Schule zunehmen. Es sei eine unnötige Quälerei der Ärmeren, meinte sie immer. Bananen waren teuer, aber sie waren verfügbar. Trotzdem, man brauchte nicht unbedingt Bananen. Äpfel waren da, oder man konnte sich mit einem Fladenbrot mit Thymian und Sesam zufrieden geben. Solidarität war schön. Man spielte zusammen, redete miteinander und keiner wusste, wie wenig oder wie viel die Familie des anderen besitzt. Es war uns allen egal.

Armut ist absolut. Es gibt keine relative Armut. Selbst ein Millionär ist ärmer als ein Milliardär, das macht ihn bei weitem nicht arm. Arm ist deinen Kindern beim verhungern zugucken zu müssen, obwohl du alles versuchst und zwei Jobs hast, das ist arm.

Nadja hatte keine Zeit um über ihren Zustand nachzudenken. Manchmal war es auch gut so, denn zu überlegen, warum sie mit ihrer Familie schon ewig in diesem Elend steckt, würde nur ein Test für ihren Glauben sein. Und weil ihr Glauben alles ist, was sie am Leben erhält, kann sie es sich nicht leisten zu denken. War die Zunahme der Armen, die seitdem der Krieg angefangen hat zu beobachten war, ein Trost für sie? Oder bedeutet die allgemeine Entwicklung eines solchen Zustandes nicht viel, für den einzelnen Leidenden? Egal, sie hatte ja sowieso keine Zeit.

Zwischen der Arbeit an der Schule und der danach
in den Häusern, gab es am Ende des Tages wenige
Stunden, um zu kontrollieren ob ihre Kleine ihre Hausaufgaben erledigt hat und nachzufragen ob der Junge
sich genug bemüht hat, bei dem neuen Arbeitgeber,
für eine Stelle. Ihr Mann war nach der tageslangen,
harten Arbeit nicht mehr ansprechbar. Man wundert
sich, wie man sich so viel Mühe geben kann und immer
noch nicht genug hat, um sich nicht um den nächsten
Tag zu sorgen. Aber man möchte es nicht hinterfragen,
es reicht einem die Gesundheit der Kinder und das Zusammensein.

Wenn ihr Sohn eine Nacht nicht zu Hause war,
brauchte Nadja am nächsten Tag nicht lange überlegen. Sie fängt wieder ihre Suche an, bei den verschiedenen Gefängnissen und bei jedem verantwortlichen
Amt. Wieso er ständig festgenommen wird, das wird
sie eben nie erfahren und man sollte lieber nicht fragen, nach dem warum.

„Das kann nicht so weiter gehen mein Sohn." sagt sie
ihm, nachdem er wieder rausgekommen ist.
*„Was sollte ich machen Mama? Sollte ich wegrennen?
Versuchen über das Meer nach Europa zu fliehen? Dafür würden wir niemals das Geld haben."*
*„Naja Europa nicht, nein. Aber ich werde versuchen für
dich einen Weg nach Ägypten zu finden. Da versuchst
du eine Arbeit zu finden und bist dann in Sicherheit."*
„Jawohl Mama."

Nie verschwindet das Gute völlig von der Welt, selbst in den Zeiten des Krieges. Von den Lehrerinnen, von der Leiterin der Schule, von Freunden des Mannes und anderen Unbekannten, die auch Unbekannte bleiben wollen, lässt sich genug Geld sammeln und das Kind fliegt in sein Schicksal.

Von Krankheit sind die Ärmsten immer am schnellsten betroffen. Es ist eine große Welle der neuen, alten Erkrankungen die über der Stadt schwebt. Die kleine Lamis hat mit ihrem kleinen, schwachen Körper nicht die beste Verteidigung gegen die mächtige Hepatitis. In dunklem Gelb verfärbt sich ihre Haut und die Augen, die sie kaum mehr aufmachen kann, haben sonst auch jede Farbe verloren. Nur Gelb, von der rosigen Farbe der Kindheit ist nichts mehr zu erkennen.

„Mama, eine Banane." piept sie ganz schwach in die Ohren ihrer verzweifelten Mutter.
Der Arzt, der so nett war das Kind zu untersuchen ohne dafür Geld zu verlangen, konnte ihr mütterliches Herz nicht beruhigen. Der Zustand ist kritisch und man kann sie nirgendwohin bringen.
„Wir warten ab und hoffen auf Gott." hat er gesagt und konnte ihr dabei nicht in die Augen sehen.

Eine Banane. Alles was dieses todkranke Kind haben möchte, ist eine Banane. Nicht zu Disney Land fahren oder ein neues Spielzeug. Nur eine Banane.

In der ganzen Stadt sucht Nadja ohne Stop nach Bananen, aber woher denn? Es kommt schon lange nichts mehr in die Stadt rein. Drei Tage sucht sie jeden Tag, bei jedem Laden, in jedem Supermarkt und dann hört sie am dritten Tag das einer es geschafft hat, neues Gemüse und Obst reinzuschmuggeln.
In der langen Schlange steht sie an. Hat alles in der Hand an Geld, was im Haus übrig ist. Und hofft nur, dass zwischen allem was der Mann hat, auch Bananen sind.

Triumphierend kommt sie mit der einen Banane in der Hand zurück nach Hause und mit Tränen auf dem Gesicht, sieht sie ihrer Kleinen zu. In ihrem schwachen kindlichen Glück, während sie die Banane aufisst, deren Farbe sich von der Farbe der kleinen Hände die sie halten kaum noch unterscheiden lässt.

Nadjas Freude war unbeschreiblich als sie zusah wie die Kleine mit den Tagen zurück ins Leben findet. In diesem Moment, wenn sie jetzt jemand gefragt hätte, hätte sie gesagt, dass sie sich für die reichste Frau der Welt hält.

Was dann passierte, hat keiner wirklich richtig verstanden. Den Sinn dahinter, den Zweck des Lebens. Es war als hätte der Tod dem einen Kind das Leben geschenkt, es aber dem anderen genommen. Aus Ägypten kommen die fürchterlichen Nachrichten. Das Kind, ihr Sohn wurde gefunden, tot. Woran und wie er ge-

storben ist konnte niemand sagen. Was die arme Nadja
dazu meinte? Ich glaube sie hat weiter versucht nicht
darüber nachzudenken.

 Auf die Frage, was mit der Leiche ihres Sohnes ge-
schehen sollte, antwortete sie.
*„Nicht mal die Lebenden können in diese Stadt rein-
kommen. Wie wäre es dann mit den Toten? Möge Gott
seine Gnade verbreiten auf seiner Seele und ihn in seinem großen Himmel begrüßen."*

Das waren ihre Worte und so blieb sie arm, aber zufrieden mit dem Leben und reich durch ihren Glauben.

<u>Glück</u>

Sie ist sieben Jahre alt und ist wunderschön. Mein liebstes Mädchen auf der Welt. Ich denke an sie und sehe uns. Sie und ich, so klar vor mir, so real in dem großen Haus, auf dem Balkon. Es regnet Wasserfälle aus dem Himmel, der uns anlächelt. Wir tanzen, tanzen, tanzen weiter ohne Ende.

„Bist du verliebt?" fragt sie mich einfach in ihrem süßen Deutsch.
„Nein." antworte ich ihr.
„Wieso nicht?"
„Tja, hat sich noch nicht ergeben."
Kurze Stille. Ihr kindliches Gesicht quillt über vor Worten. Sie versucht es zu verbergen, mit ihrem Lächeln.
„Und du?" frage ich leise, weil die arabischen Eltern davon nichts hören dürfen und beobachte dabei ihre Reaktion so unauffällig wie möglich und bin bezaubert von ihrer atemberaubenden Kindheit.
„Nein, auch nicht." lächelt sie so verdächtig.
„Na los, erzähl mal. Wer ist das glückliche Kind?"
„Es gibt niemanden. Ich darf ja nicht."
„Was darfst du nicht?!" frage ich sie überrascht.
„Mich verlieben." dabei schaut sie schüchtern auf den Boden.
„Wieso nicht?!" ich lasse nicht locker.
„Mama sagt immer, wir dürfen keine Deutschen heiraten. Sie sind nicht Muslime, so wie wir."
Es schmerzt im Herzen, diese Kleine über Sachen reden

zu hören, Wörter die größer sind als sie. Begrenzungen, Verbote, Regeln, die in ihrem grünen Alter gar keine Bedeutung haben.

„Gut. Aber ich bin nicht Mama. Also, erzähl." und in den nächsten zehn Minuten hab ich die süßeste, reinste, zauberhafteste Liebesgeschichte die es je gab, gehört. Kleine Liebe auf dem Spielplatz.

Sie ist müde von dem ewigen Wettkampf mit der kleineren Schwester, die immer gewinnt und die Liebe und Aufmerksamkeit der Eltern auf sich zieht. Ich schnappe sie mir. Und wir gehen raus. Es regnet, wir beide mit nackten Füßen. Ich hebe sie hoch, stelle sie auf die beiden Stühle, die wir zusammen geschoben hatten, damit sie genug Tanzfläche hat. Meine Kopfhörer, ein Teil in meinem Ohr und ein Teil in ihrem, aber sie als Ganzes sitzt in meinem Herzen.

„Wer ist mein Lieblingskind auf dieser Welt?" ich drück sie ganz fest an mich.

„Ich."

„Wer ist das klügste Kind auf der Welt?" frage ich.

„Ich" das süße Lächeln unter ihrer Brille wird größer.

„Und das schönste?"

„Auch ich."

„Ja, das bist du."

Die Luft schwimmt um uns. Die grünen Berge in der Weite sind kaum mehr zu sehen. An der Tankstelle, dem Haus gegenüber, halten die Autos und Leute steigen aus. Sie sehen uns nicht, in unserer ruhigen, vereinten Freude und ich freue mich auf sie. Ich liebe sie und bin dankbar dass sie hier ist. Vor mir. Glücklich, gesund, lachend und sicher.

Und wir tanzen, einfach tanzen, immer weiter.

Angst

Er sitzt vor dem Sperrpunkt, in seiner militärischen Uniform. Die Sonne ist verdammt heiß, jede Pore seines Körpers schwitzt wie eine Quelle, die nie vertrocknet. Der simple Schirm aus Reistüten, worunter er sitzt, hält vielleicht die direkten Sonnenstrahlen zurück. Aber die kochende Luft klebt so stark auf seiner Haut, es ist einfach schwer zu atmen.

Zweieinhalb Jahre waren es immer. Zweieinhalb Jahre harte Übungen, schwere Belastungen. Zweieinhalb Jahre Armeedienst, dann hat er seine Pflicht abgeleistet und darf sein Leben weiterführen. Dass aus den zweieinhalb Jahren fünf, dann sieben und nun acht Jahre werden sollten, davon wusste er nichts.

Wann war es das letzte Mal, dass er sie gesehen hat? Sein kleines Mädchen. Die Süße war gerade fünf Jahre alt. Er hätte so gerne ihre ersten Schultage miterlebt. Nur noch ein paar Jahre und sie macht ihr Abitur.

Seine Tränen verschwinden in die Luft, bevor sie die Winkel seines Auges erreichen können.

Warum muss er das machen? Es ist nicht sein Krieg! Diese Waffe will er nicht tragen! Die Uniform, die er am Anfang mit Stolz getragen hat, widert ihn jetzt an. Er ist müde vom Krieg, er möchte nur noch nach Hause.

***

*„Komm Lean. Alles ist gut. Wir gehen schnell hindurch.
Uns passiert nichts."*
*„Mama! Lass uns herum laufen. Nein! Nein! Nicht zu
den Soldaten!"*
*„Lean, meine Kleine. Das dürfen wir nicht. Wir müssen
da durch. Schnell, bitte. Es ist unerträglich heiß."*
„Nein! Ich will zurück. Ich will nach Hause, Mama."
Die Mutter verzweifelt. Ein letzter Versuch.
„Gut. Dann lass ich dich hier."

***

Eine Frau kommt ihm entgegen. Strenge Kontrollen,
besagen die Befehle. Er hat keine Lust gemein zu sein.

„Guten Tag! Bitteschön, kannst durchgehen." lächelt
er sie an.
„Danke!" antwortet sie verwundert und fragt sich
selbst, warum er keine Papiere sehen möchte. Aber
sie zeigt äußerlich keine Regung, denn sie möchte so
schnell wie möglich passieren. Sie dreht sich um und
schaut zu ihrer Tochter. Winkt ihr zu, als Zeichen sich
zu bewegen. Die Kleine, voller Angst ihre Mutter würde sie bei den bösen Soldaten zurücklassen, rennt so
schnell sie kann in ihrer Richtung.
„Hanin!" flüstert der Soldat.
„Lean" korrigiert sie ihn. *„So heißt meine Tochter."*

„Sie sieht meiner so ähnlich." haucht er und die Worte wollen nicht über seine Lippen. Wie abwesend stellt er seine Waffe weg und als Lean vor ihm ist, nimmt er sie in die Arme.
„Hab dich!" zittert seine Stimme vor Freude.

Der kleine Körper explodiert in einem Schrei, der allen Umstehenden das Blut gefrieren lässt.

„Lean, er spielt nur mit dir. Es ist alles gut." versucht die Mutter das Kind zu beruhigen.

Schreie ohne Ende. Weinen. Ihre Tränen tropfen auf den heißen Boden und verdampfen augenblicklich, doch immer neue Tränen fallen.
Schreien, weinen. Erst rot, dann blau wird das kleine Gesicht und in den versteinerten Armen des Soldaten fällt das Kind in Bewusstlosigkeit. Plötzlich Stille.

Im Schoß ihrer Mutter kommt Lean wieder zu sich. Langsam findet sie ihre Kraft wieder.

Und der Soldat? Von ihm fand man danach nur noch seine Waffe und die Uniform.......

Entschuldigung

Das kleine ruhige Viertel, im Südosten der Stadt, ist an diesem Tag durch etwas besonderes aufgewacht. Der laute Lärm, der durch das Reiben der großen schwarzen Räder der militärischen Fahrzeuge entstañden ist, frisst sich so tief in die Gehörgänge der Bewohner. Niemand sieht aus dem Fenster, alle wissen, dass es manchmal den schnellen Tod bedeuten kann, wenn die Neuankömmlinge bemerken, dass jemand sie mit interessierten Augen beobachtet. Aber man kann mit Sicherheit sagen, dass alle die Ohren an die Fensterrahmen drücken, in dem Versuch so viel wie möglich von dem zu hören, was draußen passiert.

Die Stimmen der Soldaten sind zu hören, man hat es jetzt begriffen. Es ist einfach ein neuer Sperrpunkt, der gebaut wird. Dort auf dem kleinen Platz in dem Viertel, wo die Leute sich manchmal sammeln, um dann mit den Demonstrationen zu ziehen. Es ist eine stille Art, die Demonstrationen zum schweigen zu bringen.

Im Haus der alten Um[3] Khaled hört man das heiße Flüstern besonders intensiv. Der achtzehn jährige Junge Ahmad, kann nicht ruhig bleiben. Sein Blut kocht und mit Ärger flackern seine Augen zwischen Wut und Mut. *„Was wollen diese Schweine hier? Diese Systemhunde, was machen die hier?"* schreit er seine Mutter an.

Die Alte, mit ihren 60 Jahren, ist eine Quelle der Ruhe

und des Friedens. Mit ihrem weißen, großen Schal auf dem Kopf und den Schultern sieht sie wie ein Engel des großen Himmels aus.

Die Art ihres Sohnes gefällt ihr gar nicht, aber seit wann hören die Jungen auf die Weisheit der Alten? Ein junger arabischer Mann, der sich für Antara hält, den großen, starken, alten arabischen Held der Geschichte. Ein Teenager, der jetzt der Überzeugung ist, er kann die Regierung seines Landes nieder werfen und der sich verantwortlich für die „Befreiung" seines Volkes fühlt. Ein junger Mann, der die Begeisterung in den Augen der Mädchen erblicken kann, die ihn ganz vorne bei den Demonstrationen sehen, kämpfend für seinen Glauben und fest stehend gegen die schießenden Pistolen und Tränen auslösenden Granaten der Soldaten. Würde dieser Junge auf seine Mutter hören, wenn sie ihm sagt es sei Quatsch was er macht?

„Sag den Namen Gottes mein Sohn und beruhige dich. Lass uns erstmal abwarten. Wer weiß, was auf uns noch zukommt." Das Herz der Mutter irrt sich nie. Wie die Bewohner der hohen Berge, kann es auch bei dem schönsten Wetter den Sturm vorhersagen.

Der Winter ist zusammen mit dem Sommer, eine der dominantesten Jahreszeiten in dem Land. Genau wie der Sommer die unerträglich heiße Sonne mit sich bringt, droht der Winter immer wieder mit eisigen Gewittern und frostigen Nächten.

Die Frau eines Politikers hat erzählt, wie ein Soldat

als er den Prominenten in seinem warmen Auto sitzen
sah, in Tränen ausgebrochen ist und ihm seine Leiden
geäußert hat. Ist es Hochverrat an der Stärke, wenn ein
Soldat friert? Ist es eine Schande, wenn er seine Familie vermisst? Ist es gegen die Gesetze des Landes, wenn
er weint? Die Soldaten in anderen Ländern tragen
während der Kriege Schokoladentafeln in ihren Ruck-
säcken. Ist es da ungewöhnlich wenn dieser Soldat an
dem sinnlosen, von Zuhause weit entferntem Sperrpunkt sich nach dem warmen Mjadarah seiner Mutter
sehnt? Sie töten, sie sterben und sie waren nie da.

  Es regnet. Die Alte zieht ihre Wolljacke an und bewegt
sich mit einem Tablett mit Teetassen und einer vollen
Kanne darauf in Richtung der Tür.
„Wo willst du hin Mama?!" fragt der Sohn erstaunt.
„Zu den Armen da." murmelt sie und schließt die Tür
hinter sich, lässt dabei den Jungen in seiner Verwirrung
schweben.

  Die frierenden, jungen Körper der Soldaten sitzen da,
versammelt in ihrem kleinen Bunker. Einer sitzt alleine
draußen und wartet auf ein Auto oder einen Menschen, bei dem er seine Befehle einsetzen kann und
den er kontrollieren kann.
Ein weißes Gespenst bewegt sich zu ihm und langsam
erkennt er die Gestalt einer alten Frau.
„Frieden sei mit euch mein Sohn."
„Und mit dir, altes Mütterchen. Wo willst du hin?"
„Na zu euch. Nimm mal mein Sohn. Eine warme Tasse

Tee sollte euch die Herzen aufwärmen."
wie benommen steht er auf und lässt sich das Tablett
in die Hand drücken.
„Wie alt bist du mein Sohn?" Ihre Stimme hört sich wie
ein Lied der Zärtlichkeit an.
„Zwanzig" antwortet er und überlegt kurz, wann war
das letzte Mal dass er daran gedacht hat?
Inzwischen haben die Kollegen das Gespräch bemerkt
und gucken mit glücklichen Augen dem aufsteigenden
Dampf aus der Tülle der Kanne zu.
*„Gott beschütze dich, mein Sohn. Euch alle und alle un-
sere Kinder."*
zwischen den fallenden Regentropfen verschwindet sie
wieder. Die Musik des Regens vermischt sich mit dem
Klingeln der rührenden Löffel in den Tassen. Sympho-
nie des Winters.

 Am nächsten Morgen. Um Khaled geht zusammen mit
ihrem stolzen Jungen die Straße entlang. Bei der Fleischerei wird heute ein Schaf geschlachtet und für die
Zubereitung der Gedärme gibt es keine bessere Kandi-
datin als die sehr erfahrene, sehr begabte Um Khaled.
Es ist als hätte sie auf ihren Händen die Gewürze, die
sonst niemand finden kann. Alles was sie anfasst, wird
besonders lecker. Die Gedärme vom Schaf sauber zu
bekommen und nach arabischer Art vorzubereiten
ist eine Kunst an sich. So viel Arbeit steckt darin, dass
kaum ein paar Frauen in der Stadt sich daran trauen.
Für das Ergebnis am Ende, sind manche Leute bereit
ein Vermögen auszugeben.

Auf dem Weg zu der Fleischerei müssen die beiden
den Sperrpunkt passieren.
Lächelnd läuft die Alte auf den Soldaten zu.
„Frieden sei mit euch meine Söhne. Guten Morgen.“
„Guten Morgen Mütterchen.“
Herausfordernd schaut der Junge dem Soldat in die Au-
gen, während der seinen Ausweis kontrolliert und mit
der Liste in seinen Händen vergleicht.
„Ok, bitteschön.“ gibt der Soldat den Ausweis zurück
und wendet sich wieder der Mutter zu..
*„Hier sind die Tassen von gestern, Mütterchen. Vielen
Dank!“*
*„Nichts zu danken mein Sohn. Die nehme ich mit, wenn
ich zurück komme.“*
Die Augen ihres Sohnes scheinen kaum noch in seinem
Schädel bleiben zu wollen.
„Du hast diesen Schweinen Tee gekocht!“ flüstert
er wütend in ihre Ohren nachdem sie sich ein paar
Schritte entfernt haben.
„Das sind deine Brüder.“
„Niemals!“ und weg läuft er, als wäre es ihm zu peinlich
einen weiteren Schritt neben seiner Mutter zu laufen.
Die Alte läuft unberührt weiter und denkt darüber
nach, was sie heute Kochen kann, dass es auch für die
armen Soldaten reicht.

Die Tür von Ahmads Zimmer ist zu. Drin laufen gerade heiße Diskussionen. Man versucht die Texte für
die nächste Demonstration zu schreiben. Es ist ja nicht
ohne Grund, dass die Revolution zu ihrem Beginn, Re-

volution der Lieder hieß. Man hat sich zusammen getan und hat gesungen, für die Freiheit, für die anderen Städte, die gerade bombardiert wurden. Hat Mitgefühl geäußert und das Zusammenhalten beschworen, für das Leben und den Tod, für den Stolz und für alles was einen arabischen Menschen ausmacht. Das war der Anfang, als man sich das Singen traute. Als es noch Stimmen in den Kehlen gab. Alles was jetzt verschwunden ist, als man langsam merkte welchen Verlauf die Geschichte nimmt.

Besorgt guckte die Alte zu, wie die jungen Freunde aus dem Zimmer rauskommen, unter den Schals und den langen Mützen die nur zwei Löcher haben, so das man keine Gesichter erkennen kann. Wie Feuersäulen sind sie an ihr vorbei gesprungen. Hinter ihnen rannte ihr Herz und eine ganze Menge Gebete, mit denen ihre Zunge zittert.

Wie wahrscheinlich viele andere Mütter, stand sie erst auf von ihrem Gebetsteppich, als sie zu der späten Stunde in der Nacht das Stöhnen ihres Sohnes gehört hat und sein Husten, als würden seine Lungen am liebsten herausspringen aus seinem schmalen Rumpf. Sobald er seinen Atem wieder im Griff hat, läuft er zu ihr.
„Stimmt es, was ich von den Jungs gehört hab?"
„Was hast du gehört, mein Sohn?"
„Das du die Schweine bekochst, ihnen Decken gibst und dich um sie kümmerst."

„Ja das stimmt. Ich habe dir gesagt, sie sind deine Brüder. Genau wie ich mich um dich kümmere, mach ich mir um sie auch Sorgen.“
„Mein Vater dreht sich jetzt bestimmt um, in seinem Grab und seine Seele findet keine Ruhe, weil er das aus dir kommen hört.“
„Dein Vater war ein kluger Mann. Er hätte auch ahnen können, wo dieses Elend uns alle hinführt.“
„Es ist eine Schande, dass du meine Mutter bist.“
 Kein Wort weiter. Er dreht sich um, schließt die Tür seines Zimmers hinter sich und sie hört das Bett seinen warmen, aufgeregten Körper begrüßen. Nie hört ihr Herz mit dem Beten auf.

 Die Sonne des Morgens beleuchtet auch die Ereignisse von der letzten Nacht. Das Telefon klingelt hysterisch. Schon an seinem Ton erkennt man die schlechten Nachrichten.
„Frieden sei mit euch.“
„Und mit dir, Um Khaled. Hast du es schon gehört?“
„Hallo Um Rami. Möge es was Gutes sein. Nein, was ist es denn?“
„Wo sollte das Gute herkommen? Die haben in der Nacht fünf Jungs aus ihren Häusern geholt. Kommst du mit, Um Haroon besuchen? Die Arme, sie ist umgefallen und man hat sie erst nach einer Stunde wieder wach gekriegt.“
„Gott hilf uns. Ja ich komme mit.“

 Zusammen mit Ahmad steht die Alte an dem bekannten Sperrpunkt. Die Blicke der Soldaten haben sich verändert. Keiner lächelt keinen an. In den schwarzen Pupillen, auf dem Hintergrund des Auges sieht man den Kummer wohnen. Der zwanzig jährige Soldat starrt den Ausweis vom Ahmad an und guckt dann auf die neue Liste in seiner Hand. Guckt wieder auf den Ausweis. Seine Augen versuchen den Blicken der alten Mutter nicht zu begegnen. Er seufzt und entschlossen gibt er den Ausweis zurück und deutet mit den Augen ganz kurz an, dass die beiden sich schnell auf den Weg machen sollen.

Nebeneinander laufen Sohn und Mutter. Der Mund der Alten bewegt sich mit Texten aus dem Quraan. Beide wissen, dass das sein letztes Mal war, dass er diesem Sperrpunkt entkommen kann.

Bei Um Haroon haben sich mehrere Nachbarinnen getroffen. Alle versuchen die jammernde Mutter zu beruhigen. Nur wie sollte sie sich beruhigen, wenn sie jeden Schlag auf den jungen Körper ihres Sohnes spüren kann und sein Schreien in der Dunkelheit des Gefängnisses hören kann. Welche Mutter kann sich da beruhigen?

Die Gebetskette in den Händen der alten Um Khaled dreht sich ohne Unterbrechung. Um Rami setzt sich zu ihr und ohne ihr in die Augen zu schauen fängt sie an.
„Um Khaled, die Leute reden.“
„Haben sie schon immer. Worüber jetzt?“
„Über dich. Man weiß, was du an dem Sperrpunkt

machst und jetzt wurden alle Freunde deines Sohnes festgenommen, nur er nicht."

„ Also?"

„Du weißt wie sehr wir dich alle respektieren und der Ruf Abu[4] Khaleds ist unantastbar. Aber und ich sag es nur weil du mir wichtig bist, die Männer beobachten dich und meinen du bist... naja wie kann man das sagen, dass du mit denen zusammen arbeitest. Du weißt wen ich meine."

„Du hast es ganz richtig gesagt, die Männer. Ist das da ein Mann der vor dir trauert und sich die Kleider zerreißt? Nein es ist eine Mutter. Es war schon immer so, dass die Männer die Probleme anfangen und wir dann mit den Konsequenzen zu tun haben. Wir tragen unsere Kinder neun Monate in uns und gehen durch die Schmerzen der Geburt, wir erziehen und vernichten unsere Existenz mit Freude, während wir diesen Stücken unserer Herzen zusehen, wie sie wie die Blumen immer schöner werden. Dann wird das Leben unseren Kinder genommen, im Namen des männlichen Stolzes. Wer das unterstützt, der arbeitet mit dem Teufel zusammen. Die Armen an dem Sperrpunkt da, sind auch Kinder, Kinder unserer Schwestern. Sie sind wie Rami und Ahmad. Ich sehe nicht so gerne zu, wenn mein Kind erfriert oder verhungert."

„Denkst du, du schützt ihn, wenn du mit denen eine Freundschaft beschließt? Sie kennen keinen Freund."

„Dieser Hass, der wird uns alle ertränken. Das werden wir noch sehen. Alles was wir brauchen ist Liebe und Respekt. Aber Hass ist alles was man hier sieht. Ahmad

ist wie seine Freunde und er arbeitet daran, dass er ins Gefängnis kommt. Er denkt jetzt bestimmt auch, dass es peinlich ist wenn seine Freunde drin sind und er wie ein Baby im Schoss seiner Mutter sitzt. Er wird dem nicht entgehen. Möge Gott Gnade über uns haben."

Die Jungs an dem Sperrpunkt sind nicht sie selbst. Strenge Kontrollen, ernste Mienen. Von ihrer Jugend erkennt man gar nichts mehr. Harte Männer mit Waffen. Spielzeuge des Todes.

Man hat Unterstützung geholt. Die kleine Stadt ist zu einer militärischen Basis geworden. In der Nacht hört man das Feuern von beiden Seiten. Gegner und System. Am Tag werden dann die Verdächtigen gesucht.

Alles wird getauscht, ständig ist Bewegung und die Soldaten müssen den Platz Anderer besetzen, an einer anderen Front. Es sind dieses Mal größere Reifen, deren Reiben auf dem Boden zu hören ist und vom Winkel des Fensters aus, sieht man die grausame Miene des Offiziers, der seine neuen Soldaten geladen hat.

In seinem Zimmer sitzt Ahmad wie gefangen. Die Luft ist für ihn so dick. Er muss etwas machen, er muss es einfach. Für seine Freunde, für die Ehre seines Vaters, für sich selbst, für Gott. Wie ein Blitz rennt er los, vorbei an seiner Mutter. Da sieht sie es hinter ihm rennen, den Engel des Todes. Ihr Mund hört gar nicht auf, ihr

Herz auch nicht, sie läuft durch die Tür und den Garten zum Tor draußen. Sie hört die kalte Stimme schreien.
„Rein kleines Äffchen." fordert der Offizier aus seinem halb offenem Fenster und er kann die Blicke des Jungen gar nicht aushalten.
Die Alte kann schon die blassen Gesichter der Jungs, die sie bemuttert hat, hinten auf der Ladefläche des Militärpickups erkennen.
Keinen Meter entfernt von ihrem Sohn sieht sie seine rosa Lippen aufgehen, als wäre die ganze Welt stumm geworden hört man ganz klar das Zittern der Luft um sie alle herum und die junge Stimme schreit *„ Freih..."*

  Es gibt Schüsse, deren Ziel ist es dich zu erschrecken und andere, deren Ziel ist es, dass du dich nicht mehr bewegen kannst und es gibt Schüsse, die töten, sofort.

  Ihre Füße werden warm von dem Blut, das aus dem offenen Kopf fließt.
Schwach und schüchtern kommt die Bitte der jungen Soldaten mit ihren Augen voller Tränen.
„Verzeihung!"
Sagen sie und verschwinden in die Weite.

Ich bin frei

Ich bin frei vom Schmerz. Von der Erinnerung und von meiner Vergangenheit bin ich frei. Ich denke nicht mehr an die Begrenzungen die meine Seele umringen, seitdem ich eine Seele habe. Ich bin frei von meiner Gesellschaft, von deiner Gesellschaft. Von jedem Gedanken des Fesselns und des nicht sein Dürfens, bin ich frei.

Ich bin frei von der Freiheit, nach der mein Volk strebt. Frei von der Schuld, die es auf seinem Rücken trägt. Frei von den Bemerkungen, von den Streitigkeiten, von den Diskussionen und Entscheidungen. Von euren Träumen, bin ich frei.

Von der Hoffnung, bin ich frei. Diese chronische kranke Hoffnung eines Landes, auf das nicht kommende, nicht gebende, nicht beanspruchbare Unbekannte. Davon bin ich frei. Und ich guck euch zu in eurer Verehrung für das Nichts, ich guck wieder weg und bin befreit.

Ich bin frei vom Geld und von der Liebe. Die zwei Götter der modernen Gesellschaft haben mich nicht versklaven können. Ich bin kein Untertan des höheren Willens und kein Anbetender der Zukunft. Ich kenne kein Warten und heiße jeden Zufall willkommen. Ich bin nicht bereit für das, was ich sein werde. Und es ist mir nicht bekannt, was ich schon mal war. Trotzdem bin ich da und genieße meine Freiheit.

Ich habe keine Träume, die habt ihr mir geraubt, aber von Beschuldigungen bin ich frei. Ich habe keinen Hass für euch, auch keinen für mich. Ich gehe auf dem Weg des Lebens und von Erwartungen bin schon lange, lange, lange frei.

Die Jahre und die Zeit, davon habe ich mich befreit. Ich weiß nicht wie alt ich bin. Meine Mutter wusste es auch nicht, denn ich bin frei geboren, war nie jung, werde nie alt und werde irgendwann sterben, am Ende dieser Welt. Werde in meine Ewigkeit eingehen und keine Minute von meinem Leben bereuen, weil zwischen mir und den Minuten es nie eine Vereinbarung gab. Von denen war ich und bleibe ich immer frei.

Frei vom Hunger und der Sättigung. Frei von der Angst. Eure Kriege habe ich erlebt. Sie haben mich nicht berührt, denn sie waren nur ein ewiger Lauf eurer sich verlaufenden Füße, auf dem falschen Weg des Glücks. Versucht es nicht, mich glücklich zu machen. Ich war ja nie traurig und werde auch nicht glücklich sein.

Ich bin frei, weil ich die Freiheit vergessen habe, und nur so atme, ohne Ziel, ohne Rhythmus. Habe gar nichts, will gar nichts und bin ein Mensch.

Flüchtlinge

Warum sind die Kirchen nie offen in Berlin? Man klopft an jede Tür und hofft auf eine Hand wie die, die in Les Miserables Jean Valjean aus der Dunkelheit seiner Verzweiflung gerettet hat. Muslim, Jude oder Christ, es ist doch völlig egal, man folgt der Einladung Gottes und sucht eine Zuflucht. Aber zu, alle Türen waren zu.

In der großen Stadt Berlin. Eine Stadt die alle aufnimmt und ihnen die Freiheit gibt sie selbst zu sein. So groß, dass die Anonymität sie beherrscht. Und keiner fragt den, der auf der Straße weint, ob er Hilfe annehmen würde. Aber auch hier, wer sucht der findet.

An dem Tag hab ich auf die Hilfe Gottes gehofft. Und weil ich die Hoffnung auf die Kirchen aufgegeben hatte, hatte ich mich entschieden den langen Weg zu einer Moschee in Kreuzberg zu fahren. Es zu riskieren, so spät in der Nacht keine schnelle Möglichkeit für eine Rückfahrt zu finden. Ich dachte, meine Traurigkeit wäre größer als jede Angst. Aber es war viel mehr als die Entlastung meiner Gefühle, was ich auf dem Weg gewonnen habe.

An der Jannowitzbrücke musste ich umsteigen und warten, auf die U-Bahn. Dort habe ich sie dann gesehen. Eine große Familie, Eltern und ihre fünf Kinder mit den ganzen Tüten. Die schwarzen Köpfe und die arabischen Mienen, haben mir ihre Wahrheit verraten. Man sah der netten, dreißig jährigen blonden Frau ihre Verwirrung an. Mit ein paar Wörtern auf Englisch so einfach wie es geht, versuchte sie dem Vater den Weg zu zeigen, zu der Adresse, die er in der Hand hält. Immer in solchen Momenten überlegt man, sollte ich was sagen? Sollte ich fragen? Ich könnte vielleicht helfen. Oder es geht mich gar nichts an? Ein schöner Anblick, die Freundlichkeit dieser deutschen Frau, die wahrscheinlich auch geraten hat, was für eine Adresse das sein könnte und sich so anstrengte zu helfen.

Ich komme näher und mit meinen dunklen Haaren und dem interessiertem Blick, ziehe ich die Aufmerksamkeit der Familie auf mich. Nach meinem Gruß auf Arabisch stellt sich heraus, dass nur der Vater Arabisch kann. Eine kurdische Familie aus dem Irak. Wer diese Leute sind und warum sie auch geflüchtet sind, das zu erklären bräuchte allein ein ganzes Buch.

„Kann ich ihnen vielleicht helfen?" frage ich die nette Frau und mit strahlendem Gesicht erklärt sie mir, dass sie jetzt lange versucht hat ihnen zu zeigen wie sie fahren sollten.
„Ok, ich mach das."
Es ist einfach schön, wenn man die Freude der guten Menschen spüren kann, darüber dass es andere nette Menschen gibt.
„Das ist nett von dir, danke!" sie bedankt sich bei mir, weil ich den Leuten helfen möchte. Leuten die mir so

ähnlich sehen, mit denen ich eine Geschichte teile und eine Tragödie. Sie bedankt sich bei mir!
„Danke dir!" Manche Leute sind so wunderbar, dass man sie am liebsten drücken würde.

Ich wende mich an die Familie und der Vater fängt automatisch an zu erzählen. Sie sind aus dem Irak geflüchtet. Es ist auch dieser IS, welcher die Leute aus dem Land jagt. Die deutsche Polizei hat sie erwischt, sie haben sie zu einem Flüchtlingslager gebracht welches so voll war und dessen Organisatoren so überfordert waren, dass sie ihnen die Adresse von dem anderen Flüchtlingslager gaben. Dazu die Anweisung, dass dies der Ort ist, wo sie hingehen sollen.

„Gut!" Ich guck mein Handy an. Nicht genug Akku um uns dorthin zu navigieren. Aber egal, ich hatte das Gefühl, dass es ein größerer Plan gewesen sei, als heute nur zur Moschee zu fahren.

Ich nehme die Hand des kleinsten Mädchens. Fünf Jahre alt wird sie sein und ich nehme ihr das ab, was sie an Gepäck tragen musste. Was dieses Mädchen hinter sich hat, wollte ich in dem Moment lieber nicht wissen.

Je näher wir dem Gebäude gekommen sind, desto dunkler sind die Straßen geworden. Ich versuchte mein Gehirn auszuschalten, um nicht daran denken zu müssen, dass ich später diesen Weg alleine zurück laufen muss.

Dann haben wir sie gesehen. Viele Männer, die vor einer Tür sitzen, rauchen und erzählen. Ja, das sah Arabisch aus. Es war die Turnhalle einer Schule. Wir gingen rein, kamen in einen Raum und wurden alle sehr nett begrüßt. Die Familie musste jetzt Informationen geben. Ich habe mich verabschiedet und wollte raus.

„Wo gehst du hin?!" fragte einer der dort tätigen Interviewer, ganz freundlich.
„Nein, ich bin kein Flüchtling. Ich wollte sie nur hierher bringen." antworte ich ebenso freundlich.
„Alles klar! Danke dir!" ruft er zurück.
Wie nett!

Ich bin raus gegangen und habe spontan gelächelt. Es ist ein schönes Gefühl, welches mein Herz erfüllt hat. Nach ein paar Schritten hab ich mich umgedreht. Ich wusste ja sowieso nicht, was ich machen wollte in dieser Nacht und ich habe Gott gesucht. Er hat mich hierher geführt, also gehe ich zurück.

Kaum bin ich rein gelaufen, kommt einer der Mitarbeiter und sagt.
„Freiwillige?"
„Ja." antworte ich ohne nachzudenken.
„Dann komm bitte mit."
Ein Türke. Er nimmt mich mit zu der Leiterin des Lagers. Eine ernste, deutsche Frau. Wir gehen rein. Sie guckt

mich gar nicht an. Und diskutiert weiter mit einem deutschen Kollegen.

„ Ja was erwarten sie denn? Sie schicken uns die ganzen Leute, weil sie keine Betten haben. Haben wir denn unendlich viele, oder was?" fragt sie.
„Keine Ahnung, ist ja alles ein bisschen viel für uns alle." antwortet ihr Gesprächspartner.
„ Aber die Leute brauchen ein warmes Bett und ein Dach über dem Kopf. Wir schicken niemanden weg." Ungeduld schwingt in ihrer Stimme.
„Dann müssen wir die Türen zumachen. Es ist Wahnsinn! Diese Massen von Flüchtlingen." entgegnet er.
„Wie zumachen?! Und was machen die Leute die jetzt auf der Straße sind? Die kleinen Kinder? Schlafen sie im Park oder auf dem Bürgersteig? Nein, wir machen nicht zu. Es ergibt sich schon was. Geh du nach Hause. Du bist jetzt 48 Stunden auf den Beinen. Geh nach Hause, erhole dich und danke für alles." Mit diesen Worten schiebt sie ihn sanft in Richtung Bürotür.
„Gut. Mach du auch nicht mehr so lange. Bis morgen."
„Ja, bis morgen."
Er geht hinaus und sie wendet sich dem Türken zu, mich hat sie bis jetzt ignoriert.
„Die Dame hier möchte helfen" erläutert der Türke.
„Guten Abend." begrüße ich sie.
„Oh Gott, entschuldige! Ich dachte du bist eine von denen. Ihr seht euch alle so ähnlich. Schön, dann zeig ihr alles und schaut mal, was sie machen könnte."

  Ran an die Arbeit! Keine Zeit zum Worte wechseln,
man sieht sofort, wie gestresst die ehrenamtlichen
Mitarbeiter sind.

  Ein paar Minuten später werde ich gerufen. Ein Mann
möchte was sagen. Sie brauchen mich als Dolmetscher.
Die Leiterin sitzt dem Mann gegenüber und mit ganz
ernster Miene fragt sie ihn, ob er englisch sprechen
kann.
„Yes." antwortet er unsicher.
„Then tell me. How can I help you?" bittet sie ihn.
Verwirrt guckt der Mann mich an und sagt. *„Sag ihr bitte, dass ich …."*
Sie unterbricht ihn und fragt noch mal ob er Englisch
kann.
„Yes, Yes." kommt sofort die Antwort.
„Then speak to me. Tell me how can I help you?" erneut
fragt sie ihn.
Er guckt mich noch mal an und bittet. *„Sag du ihr bitte."*
Die Frau gibt auf, wendet sich an mich und wartet
auf meine Übersetzung. Es fällt mir wieder ein, wie
oft ich damals gehört habe, dass man in Deutschland
ausschließlich Deutsch sprechen muss. Es sind ganz
strenge Leute. Sehr stolz auf die eigene Sprache. Wenn
man sie mit einer anderen Sprache anspricht, gehen
sie gar nicht darauf ein. Sie können gar kein Englisch,
so konservativ sind sie. Wie viele Vorurteile hat man
gegenüber den Deutschen. Alles was mit ernst, streng,
rassistisch, anstrengend, kalt, trocken und hart zu tun

hat, alles was nicht unbedingt stimmt.

„Er sagt die Polizei hat ihm sein Geld weggenommen und es ist wirklich lebenswichtig, dass er es wiederbekommt.“

„Das schon wieder!“ sagt sie gelangweilt und man erkennt, dass sie die Geschichte von ihm nicht wenige Male gehört hat.

„Sagen Sie ihm bitte, dass ich wirklich versuche für ihn das Geld zurück zu holen. Das geht nicht an einem Tag.“

„Er sagt es ist wirklich total wichtig. Das Geld ist nämlich gar nicht seines. Er hat es sich geliehen und den Rest muss er zurück geben. Sonst hat er mit den Leuten sehr große Probleme.“ übersetze ich.

„Ja ich verstehe es, wirklich! Und ich werde es versuchen. Versprochen!“ das hat sie ihm sogar auf englisch noch einmal wiederholt.

„Er fragt sie, wieso die Polizei so was macht und warum ist es ihnen egal, wie dringend er das Geld braucht.“

„Tut mir leid. Es ist nicht schön, dass sie so etwas machen. Aber alle Menschen machen Fehler, auch Polizisten. Sie sind in dem Punkt auch überfordert, mit den ganzen Leuten die kommen. Ich entschuldige mich an ihrer Stelle und werde versuchen, was ich kann. Ja?“

Ich war eingenommen von ihrer Art. Wie nett sie ist habe ich auch versucht durch die Übersetzung rüberzubringen. Wie nett die Frau ist und wie ehrlich sie versucht ihm zu helfen.

„Sag ihr, die Polizisten waren so gemein. Die syrischen Polizisten und Soldaten waren nicht mal so.“

Enttäuscht von seiner Ignoranz, ignoriere ich seinen

letzten Satz und sag ihr.
„Er sagt vielen Dank und er weiß es zu schätzen.“
Er verzieht sich.

*„Wissen Sie, wenn man sie nicht versteht, dann denkt
man sie seien total ernst und grausam. Aber wenn man
hört, was sie sagen und es versteht, dann weiß man
wie wunderbar alles ist, was sie machen. Sie sind eine
gute Person.“*
*„Oh, Danke! Es ist so schön mal ein nettes Wort zu hö-
ren. Danke!“* sagt sie mir glücklich.

Draußen kommt der Mann wieder zu mir.
„Sie wird gar nichts machen, oder?“ fragt er mich.
*„Sie hat dir gesagt, sie wird alles versuchen. Also musst
du abwarten was passiert.“* entgegne ich.
*„Ja. Ich hab ihr jetzt zwei oder drei mal gesagt, wie
dringend das ist. Sie macht gar nichts“* beschwert er
sich bei mir.
*„Was denkst du wie schwer das ist? Glaubst du wirklich
so was könnte an einem Tag klappen? Und außerdem,
wenn ich an deiner Stelle wäre, würde ich es gleich vergessen. Sie geben dir das Geld nicht zurück.“* grolle ich
ihn an.
„Nein?!“ Angst schwingt in seiner Stimme.
*„Nein, müssen sie ja auch nicht. Hast du eine Vorstel-
lung, wie viel Geld der Staat hier für die Flüchtlinge
ausgibt? Denkst du, du schläfst, isst und lebst jetzt um-
sonst? Weißt du, wenn du das alles bezahlen müsstest
wie viel Geld du dafür brauchst? Ich glaub du hättest*

dieses Geld um das du weinst, schon lange ausgege-
ben. Und du kannst deinen Leute sagen, sie sollen war-
ten. Wenn du anfängst Geld zu verdienen, kannst du
immer noch davon was sparen. Und später, da kannst
du ihnen dieses Geld zurückzahlen." Ich fühle den Ärger
in mir aufsteigen.
„Von welchen Leuten redest du da? Das hab ich doch
nur zu ihr gesagt. Es ist allen egal, ob ich das Geld zu-
rückzahle oder nicht. Ich hätte ja auf dem Weg sterben
können, ertrinken oder sonst was. Dann hätte doch
auch keiner einen Cent zurück bekommen. Aber ich
möchte weiter fahren, nach Schweden, deshalb möchte
ich das Geld zurück."
„Wie bitte?!" Ich merke wie sich meine Geduld dem
Ende nähert.
„Ja! In Schweden ist alles besser als hier. Sie geben
einem mehr Geld monatlich und sind nicht so kompli-
ziert wie die hier."
Es war ein Schock! Wenn man so was hört, dann kann
man völlig verstehen, warum die ganze Welt keinen
einzigen Flüchtling mehr aufnehmen möchte.
„Du kannst jetzt sowieso nicht mehr nach Schweden.
Wenn sie deine Fingerabdrücke registrieren, dann
musst du in dem Land bleiben, wo du angekommen
bist. Also du musst hier bleiben." erkläre ich ihm.
„Nein, das ist es ja. Meine Fingerabdrücke sind noch
nicht abgenommen. Die Polizei hat mich erwischt, hat
mir das Geld geklaut und hat mich hierher gebracht."
Plötzlich tut es mir leid, dass er es überhaupt so weit
geschafft hat. Es tut mir leid, dass es ihn gibt.

*„Ja gut dann geh. Geh, bevor sie deine Finger scannen.
Dann ist es zu spät.“* ich habe resigniert.
„Meinst du?“ fragt er nochmal.
„Ja.“

Es ist traurig. Diese Undankbarkeit, das Lügen, die
Gleichgültigkeit gegenüber denen, die helfen. Ja das
gibt es auch. Aber zum Glück sind nicht alle Geflüchteten so. Es gibt so viele, die dankbar sehen, wie viel
für sie getan wird. Die, denen das nehmen schwer fällt
und die alles versuchen um bereit zu werden, damit sie
gegenüber der Gesellschaft, die sie aufgenommen hat,
die gefühlte Schuld begleichen können. Für diese Menschen, möge die Menschlichkeit ihre Türen öffnen.

Seit dem ich hier bin, habe ich mich an die leeren Städte langsam gewöhnt. Daran, das man schon im Sommer abends um acht Uhr, oder sogar schon früher, keine menschliche Seele auf dem Weg trifft. Aber die Natur, sie lässt einen hier in Deutschland fast nie allein. Wirklich herrlich. Die Natur hat mich nie so berührt wie hier in Deutschland. Schon am ersten Tag. Nach der ersten Nacht. Nach dem Aufstehen.

Persisches Lied

Was man gehört hat, über die Rolle des Iran's im Krieg der in Syrien tobt, zündete in unseren Herzen den Hass für dieses Land. Einen Hass, der wie jeder andere Hass auch die guten Sachen auffrisst.

Aber die Begeisterung vieler Deutscher für den Iran ist unübersehbar. Ich diskutiere nicht so gerne darüber. Immer wenn Freunde mir von ihren Besuchsplänen für den Iran erzählten und davon, wie toll das Land und seine Leute seien, dann zog ich mich in mich zurück um die Erinnerungen an die Gerüchte und die angst erfüllten Geschichten aus meinem Land für mich zu behalten. Und so wie die Medien unsere Illusionen immer in ihre gewünschte Richtung lenken können, so war ich mir nach dem Film „Nicht ohne meine Tochter" sicher, der Iran wird nie auf meiner Favoritenliste stehen.

Aber dann, auf dem Weg nach Dresden, dort wo ich viele andere Vorurteile abgebaut habe, teilte ich mit meiner deutschen Freundin ihre Liebe zu einem persischen Lied. Es war eine Empfehlung einer Freundin von ihr, eben aus dem Iran. Wie diese Lieder mich berührten, gerade so, als wenn ich jedes Wort verstanden hätte. Nur ist genau dieses unmöglich. Gerade weil, was viele Europäer nicht wissen, Persisch und Arabisch miteinander so wenig zu tun haben, wie Deutsch und Französisch. Auch Türkisch, wonach ich immer wieder gefragt werde ob ich es kann, ist nicht verwandt mit

Arabisch. Es sind drei unterschiedliche Kulturen, die nur durch ein schwaches Band der Religion miteinander verbunden sind.

Ich denke an die ganzen Kinder, die die Kämpfer geschlachtet haben, während sie sich auf dieser Sprache miteinander unterhielten. Wie wir im Fernsehen gesehen haben, in den Videos die von Augenzeugen gemacht wurden, die kleinen Körper mit zerschnittenen Hälsen und vollurinierten Hosen, denn jedes Kind musste zusehen wie seine Brüder, Schwestern und Eltern bestialisch vor ihm geschlachtet wurden. Grausame Minuten des Wartens für die Kinder, bis der eigene Tod endlich die Erlösung brachte.

Trotzdem spricht der Sänger mich an und als würde ich ihm tief in die Augen sehen und er mir tief in mein Herz, so werden zwischen der Kraft eines Wortes, einer Melodie und eines Messers tausend Mauern niedergerissen und es bleibt nur Verzeihung und Frieden.

Kennst du dieses Gefühl? Wenn ein Lied dich so traurig macht und du es trotzdem liebst?
Dich der Musik so hinzugeben, dich so weit runterziehen zu lassen, dorthin wo du nicht mehr atmen kannst und dich völlig erschöpft fühlst? Es aber trotzdem liebst?
Kennst du das? Wenn ein Lied dich so traurig macht das du endlich weinen kannst und dabei feststellst, weinen war genau das was mir fehlte?

Kennst du das? Wenn ein Lied dich verändert?

 „Ich würde sie gerne kennenlernen, deine iranische Freundin." sage ich zu ihr.
„Gerne!" antwortet sie.

Aber das ist eine andere Geschichte …

Patriotische Begeisterung

Wie gefällt es dir denn, das Studium in Deutschland?"
"Ziemlich gut. Und dir?"
"Fantastisch! Du hattest auch eine Weile in Syrien studiert, oder? Wenn man das hier dann sieht, Wahnsinn."
"Naja, manche Sachen fand ich in Syrien schon besser."
"Wie bitte? Dann geh doch zurück!"

Kurzer Wortwechsel mit einem Studienkollegen an der Charite. So gerne wollte ich ihn fragen *"Wovon bist du begeistert?!"* Wie kann man stolz sein auf Leistungen und Erfolge der anderen? Als wäre das Scheitern des eigenen Landes die Schuld der Erde oder des Himmels über dem Land!

Im Präparationssaal an der Damaskus Universität arbeiteten wir mit zerfallenen Leichen und kaum mit der menschlichen Gestalt vergleichbaren Teilen. Was keiner von uns verstehen konnte, denn die frischen Leichen hat man am Straßenrand immer wieder liegen sehen. Es ist Krieg und niemand weiß wer von wem getötet wird. Jedoch muss man auf den Papierkram ewig warten und es dauert sehr, sehr lange bis man eine neue Leiche für die studentische Lehre bekommt. Es war auch richtig so. Trotzdem, für uns war es nicht zu verstehen.

Mit dem was zur Verfügung stand, haben die Dozenten sich jede Menge Mühe gegeben uns das anatomische Wissen beizubringen. Ein Dozent war besonders begabt. Der Unterricht mit ihm war wie eine Unterhaltung mit einem Freund, so wie in der Essenspause in der Mensa. Er war ein medizinisches Lexikon. Ihm zuzuhören war ein Genuß. Wie amüsierend er war, lustig, erfahren und er wusste genau wie er die Informationen am effektivsten in die Gehirne seine Studenten pflanzen konnte. Nach zweimal Unterricht, musste er sich von seinen Studenten verabschieden. Es hieß, er müsse dringend in seine Stadt fahren, im Nordosten des Landes. Und er wird nicht wieder kommen. Vielleicht fand er eine bessere Stelle, hat man gedacht. Eine Woche später hört man in den Nachrichten, dass die Leiche eines Professors verkohlt in seinem Auto gefunden wurde, kurz vor der Stadt aus der unser Dozent kam. Wir waren sprachlos.

Wer entscheidet über den Wert einen Verstorbenen? Ist der Tod eines Bäckers weniger wichtig, als der eines Arztes? Für die Familien der beiden wahrscheinlich nicht. Aber für das Land macht sich der Verlust der erfahrenen Experten erst nach dem Krieg bemerkbar. Dann, wenn man sieht wie viele Jahre sich das Land rückwärts bewegt hat in seinem Zustand und dann sind wir nur von den anderen Ländern begeistert und hassen unser eigenes. Nur weil es nicht so schön, nicht so organisiert und nicht so entwickelt ist!

Begeistert kann man von den 80 jährigen Deutschen

sein. Diese Menschen, die das Land nach einem schrecklichen Krieg wieder auf die Beine gestellt haben. Auf ihren Gesichtern kann man die Geschichte ihres Kampfes lesen. Weder die Bäume, noch der Regen haben die Straßen, die Bahnlinien gebaut, die Häuser renoviert und die Schönheit des Landes restauriert. Begeistert sollte man von der Leistung sein und nicht zuerst von dem Ergebnis.

„Wohin sollte ich zurück?! In das zurückbleibende, schmutzige, nicht zu rettende Land? Nein danke. Ich bleibe hier, wo der Mensch als Mensch behandelt wird." so die Aussage der meisten arabischen Brüder im Ausland.

Traurig nur das wir es sind, die unsere Länder in diese miserablen Zustände gebracht haben und sie werden es nicht aus ihrer schwarzen Verzweiflung schaffen, wenn wir ihnen nicht unsere Hände reichen und sie wieder an das Licht ziehen. So wie es in Deutschland nach dem Krieg geschah.

Unsere Länder haben das Potenzial in sich, so schön wie die europäischen Länder zu sein. Und mit der eigenen Identität dazu. Aber wir glauben vielleicht nicht genug daran, dass wir das Potenzial in uns tragen das zu schaffen, was unsere Schwestern und Brüder, andere Menschen irgendwo auf der Welt, schon geschafft haben.

Das sandige Grab

Damals, bevor Allah den Menschen den Islam gab, existierte bei den alten Arabern auf der arabischen Halbinsel das Ritual neugeborene Mädchen lebendig zu begraben. Die Begründung war, dass Frauen und Mädchen der Familie Schande bringen.

Bis zu dem Zeitpunkt, als der Islam kam und diese Praxis verbot.

Eine sehr berühmte Persönlichkeit der islamischen Geschichte, einer der vier rechtgeleiteten Kalifen, Umar ibn al-Khattab, hat einst in der Gesellschaft seiner Freunde erst gelacht und dann geweint. Als man ihn fragte woran er dabei dachte, da erzählte er was der Grund war. Er lachte, weil er sich an eine Begebenheit erinnerte, die ihm während einer Handelsreise passierte. Es geschah, dass er auf eben dieser Reise vergaß, seinen Gott mitzunehmen. Zu dieser Zeit beteten die Araber noch Statuen an und er vergaß seine mit auf die Reise zu nehmen. Weil nun die Gebetszeit anstand, so fiel ihm nichts weiter ein, als sich eine Gottesfigur aus Datteln zu formen. Dann überkam ihn ein Hunger und so blieb ihm nichts weiter übrig, als seinen Gott zu essen!

Dann fragte ihn jemand,
„und warum weintest du?"

Er antwortete,

*„ich erinnerte mich an meine kleine Tochter. Daran,
wie ich sie ins Grab legte und mit Tränen in den Augen
anfing, Sand auf sie zu schütten. Dabei blieb Sand an
meiner Wange kleben. Lächelnd richtete sich das kleine Mädchen im Grab auf, setzte sich und wischte dem
Vater liebevoll den Sand aus dem Gesicht. Mir liefen die
Tränen herab, aber ich begrub sie."*

Nachdem Umar ibn al-Khattab den Islam annahm,
wurde aus ihm ein großer Kalif, der nicht nur den Mus-
limen diente, sondern allen Menschen. Egal welcher
Religion sie angehörten.
Trotz allem was der Islam zum Schutz der Frauen bein-
haltet, so bleibt die arabische, islamische Gesellschaft
männlich dominiert. Es nimmt langsam ab, aber es ist
immer noch unübersehbar.

Als ich geboren wurde, nach zwei Brüdern und einer
verstorbenen Schwester, war die Freude meiner Eltern
unbeschreiblich groß. Auf der Entbindungsstation, als
meine Mutter vor dem Kinderzimmer wartete, kam ihr
eine alte Frau entgegen. Sie fragte meine Mutter ganz
freundlich was es denn geworden sei.
„Ein Mädchen!" sagte meine Mutter ganz glücklich.
Das Gesicht der Frau verzog sich voller Enttäuschung
und sie sprach zu ihr mit tröstenden Worten.
*„Möge Gott bei dir sein, mein armes Mädchen. Es ist
das, was Gott dir gesendet hat, da kann man nichts
machen."*

Total schockiert darüber sagte ihr meine Mutter,
„Aber ich bin ganz glücklich damit."

Ich hatte das Glück in einer Familie aufzuwachsen, in der man nicht alles blind akzeptierte, was die Gesellschaft verlangt und erwartet. Auch das hatte Grenzen, spätestens als ich meine beste Freundin kennen lernte und ich stundenlang versuchen musste sie zu überzeugen sich die Möglichkeit zu schaffen, mit mir ein paar Minuten unabgemeldet und ohne Begleitung vor ihrem Haus spazieren zu gehen, da lernte ich diesen Umstand zu schätzen.
Ich war leider keine große Hilfe für meine Freundin. Vielleicht habe ich ihre Augen geöffnet und ihre Stimme befreit. Aber ständig war sie verzweifelt und unzufrieden. Doch sie hatte auch Glück. Denn nachdem ihr grausamer Vater mit eigenen Augen sah, wie er das Leben seiner ältesten Tochter zerstörte indem er ihr das Studium verbot, erlaubte er meiner Freundin zu studieren.

Jetzt ändert sich vieles. Arabische Frauen zeigen, dass sie nicht weniger wert sind als Männer. Wie alles was lange dauert, so ist der Erfolg dieser Frauen unaufhaltbar. Und er ist wunderbar.

Die Verrückte

"*An alle Bewohner dieser Stadt, in drei Stunden muss jeder Mann, jede Frau, jedes Kind die Stadt verlassen haben.*"
Ansage des syrischen Militärs.

   Zwischen den zwei benachbarten Städten, reiht sich eine endlose Schlange von Autos. Es ist egal ob das Auto klein oder groß ist, jedes ist völlig überfüllt. Alle haben ihre Familien eingeladen, sowie Nachbarn und auf den Pick Ups stehen die Leute so dicht aneinander gedrängt, dass die Ladefläche des Pick Ups nur noch ein paar Zentimeter vom Boden entfernt ist.

   Die Stadt muss gesäubert werden, von den islamischen Kämpfern und den Gegnern der Regierung. Deswegen wird diese militärische Aktion durchgeführt. Schnell leert sich die Stadt. Wie eine Quelle fließen die Menschen aus allen Straßen und die zwei Kilometer Weg bis zu der nächsten Stadt sind voll gestaut und so hell erleuchtet am späten Abend, als wäre die Sonne gerade im Zenit. Jeder drückt das an sich, was er noch in der Eile des Aufbruchs gerettet hat. Einen Koffer mit Kleidung, Kissen und Bettdecken, das restliche Essen aus dem Kühlschrank, Fotoalben, Liebesbriefe, Vasen, Bücher..... und die schier unendliche Kette von Ängsten und Sorgen. Die BH's der Frauen sind mit den ganzen ersparten Schätzen der Familie ausgestopft. Geld, Goldstücke gerade alles, was man nicht dem Blick der

Soldaten und Kämpfer aussetzen will. Keiner weiß was demnächst passiert und jeder weiß, die Chancen das eigene Haus wieder zu sehen, sind nahe zu bei Null.

Es ist die Strategie der verbrannten Erde. Das Feuer der Kanonen wird alles auffressen. Kein Haus, kein Baum, kein Tier, nichts hat eine Chance. Die Herzen der Geflüchteten sind schon lange verbrannt, denen kann nichts mehr passieren.

In der anderen Stadt wird vieles vorbereitet, für die unglücklichen Nachbarn aus der gefallenen Stadt. Die Schulen, die Moscheen, Büros, Läden und vor allem die Häuser, alle Türen öffnen sich.
Heute ist keine Tür zu, jeder ist willkommen. Alles gehört allen. Ein kleiner Beistand gegen den mächtigen Sturm des Krieges.
In den Straßen riecht es so lecker. Es ist nämlich Ramadan, der Fastenmonat der Muslime und den ganzen Tag hat niemand was gegessen oder getrunken. Die Stadt wird zu einem großen Restaurant. Alle Bewohner holen ihre Vorräte raus. Alle Frauen versammeln sich, es ist ein tragischer Anblick. Aber trotzdem schön. Die Einheit eines Volkes, in der Zeit des Schmerzes.
Keiner sagt ein Wort. Leise starrt jeder den Boden an. Was gibt es zu sagen? Die lauten Geräusche der Bomben machen alle stumm und in den Pausen, glaubt man die schwach schlagenden Herzen zu hören, wie sie vor Kummer den Rhythmus verlieren, wie sie vor Angst ständig einen Schlag aussetzen. Sogar die Schreie

der Kinder sind in deren Kehlen verstummt. So stark
sie können pressen sie ihre kleinen Hände gegen die
Köpfe. Ein hoffnungsloser Versuch, die Sinfonie der
Angst rauszulassen. In ihren Augen sieht man das
Scheitern ihrer Versuche.
Die letzte Gruppe kommt rein. Jeder sucht nach einem
Platz, an dem er den erschöpften Körper fallen lassen
kann. Das Gewicht dieser Katastrophe ist schwerer als
es jeder Muskel und jeder Knochen aushalten kann.
Man glaubt sogar in dem Moment den Boden unter
den Füßen stöhnen zu hören.
Alles stumm. Nur ab und zu kommt schüchtern das Geräusch von dem Schlag eines Löffels auf den Tellerbo-
den. Aber ständig, zitternd und wie aus einer anderen
Welt kommt die Stimme der verrückten Marwah, die
immer noch ihr Kissen zum schlafen bringen möchte,
es wiegt und dabei ihre unverständlichen Worte murmelt.

Es war schon ein paar Monate her, als sie zum ersten
mal in der Stadt gesehen wurde. Eine Frau mittleren
Alters, um die 35 Jahre hat man sie geschätzt. Ist eines
Tages in die Stadt herein gekommen. Ihre Haare offen
und vom Schmutz verklebt, ihre Kleidung völlig ver-
staubt und das Gesicht schwarz, so, dass man nur die
blass glänzenden Augen erkennen konnte. Im Krieg ist
es nicht mehr so überraschend, wie die Leute aussehen und was sie anhaben. Es war im ganzen Land gar
nichts mehr normal. Aber das Kissen, welches die Frau
in ihren Armen trug und für das sie sang, da haben

alle gestarrt. Ein paar Frauen konnten die Arme davon
überzeugen mitzukommen. Nur als sie versucht haben
ihr das Kissen wegzunehmen und ihren zarten Körper
unter die Dusche zu schieben, da hat jeder ihr schreien
gehört. So hat man festgestellt, dass das Kissen für sie
mehr als eine Schlafhilfe bedeutete. Sie wurde gewa-
schen, man hat ihr die Haare liebevoll gekämmt und
mit einem schönen, sauberen Kopftuch bedeckt. Neue
Kleidung angezogen und auch das Kissen hat einen
frischen Bezug bekommen. Die Versuche sie in einem
Haus zu behalten sind alle gescheitert.

Und nach ein paar Tagen hatten die Leute sich einfach
daran gewöhnt, sie in den Ecken und den Gassen zu
sehen. Mit offenen Haaren hält sie ihr Kissen, schaukelt
es und singt ihm ein Schlaflied. Streng wurden die Kinder bestraft, die ihr hinterher gelaufen sind und irgendwas geschrien haben. In der Art sie sei verrückt. Aber
die Eltern dieser Kinder wussten es ja auch nicht besser
und weil sie einmal jemandem ihren Namen verraten
hatte, hieß sie seitdem „die verrückte Marwah".

Jetzt sitzt sie bei den anderen und man freut sich,
dass jemand sie gefunden hat und sie mitgebracht hat.
Denn von der Warnung der Militärs konnte sie ja bestimmt nichts verstehen.

Der Morgen bringt nur noch mehr Traurigkeit. Denn
mit dem Licht des Tages, kann man aus der Nach-
barstadt die Heimatstadt brennen sehen. Hohe schwar-

ze Wolken aus Staub und Rauch, folgen jeder Explosion. Jeder versucht zu erraten welches Gebäude es jetzt war und betet immer noch für die Sicherheit des eigenen Hauses.

Plötzlich hört man den Schrei der verrückten Marwah. *„Hey Marwah, ich bin es! Samia. Beruhige dich!"* sagt eine Frau.
„Was machst du? Gib ihr das Kissen zurück!" schreit sie jemand an.
„Aber ich kenne sie. Marwah, hörst du mich? Ich bin es, Samia." seufzend gibt sie ihr das Kissen zurück, versteckt das Gesicht in beiden Händen und fängt an zu weinen.

Nachdem Samia wieder zu Ruhe gekommen ist, sammelten sich die Leute um sie herum und zusammen hörten sie jetzt die Geschichte der verrückten Marwah.

Verheiratet mit einem wohlhabenden jungen Mann, war Marwah das erste Jahr ihrer Ehe sehr glücklich. Nur, dass die beiden mit den laufenden Jahren keine Kinder bekommen konnten, hat ihnen das Leben zur Hölle gemacht. Die Familie des Mannes wollte ihm gleich eine andere Frau suchen, was er jedoch mit Herz und Leib abgelehnt hat. Denn er hat seine Frau geliebt und wollte alles mit ihr versuchen. Das haben die beiden auch. Sie waren bei allen Ärzten, haben alles probiert und sind ins Ausland gefahren. Es hat nichts was gebracht. Langsam, wollten die beiden die Hoffnung aufgeben und der Mann hat sich kaum mehr zu Hause aufgehalten. Da konnte man sie sehen, die Zeichen der Depression an der armen Frau. Aber sie haben sich geliebt und haben es immer weiter versucht, bis es Gott sei Dank geklappt hat und die Freude der beiden war unbeschreiblich.

Nur ein paar Tage nach der Geburt des Kindes, ist die kleine Familie durch ein donnerndes Geräusch aufgewacht. Es waren Soldaten an der Tür und Marwah musste halb angezogen zusehen, wie die Männer ihren geliebten Mann, den Vater ihres Kindes, aus der Wohnung holten und in den Kofferraum eines großen Autos mit dunklen Fenstern und ohne Nummernschild warfen.

Am nächsten Tag hat ihre Suche angefangen. Wie immer wenn einer festgenommen wird. Wir alle haben gesucht. Die ganze Stadt hat geredet und sie ist überall hin, zu allen Gefängnissen gegangen. Hat nach ihm gefragt, immer kam die Antwort *„ Nein, nicht bei uns. Wissen wir nicht."* Bis sie eines Tages in einem Gefängnis seinen Ausweis bekam, mit der Ansage, sie sollte nicht mehr suchen.

Es ist der Albtraum jeder Mutter in Syrien, jeder Tochter und jeder Frau, den Ausweis des gesuchten Sohnes, Vaters oder Mannes in die Hand gedrückt zu bekommen. Denn das kann nur eines bedeuten. Man kann die geliebte Person über der Erde nicht mehr finden.

  Das Kind war jetzt alles was Marwah blieb. Mit 32

Jahren konnte sie nicht mehr auf einen vernünftigen Ehemann hoffen und die Gesellschaft gibt den Witwen nicht so viele Chancen. Sie hat sich vorgenommen, das Kind groß zuziehen und nur für das Kind zu leben. Langsam hat sich ihre Stadt mit Kämpfern gefüllt. Besorgt haben die Leute die Situation beobachtet. Niemand konnte was sagen. Keiner wollte die Kämpfer hier haben, aber was kann man tun gegen einen mit einer Waffe, die er auch benutzen kann und es auch tut!

Ohne weiteres Anzeichen hat der Angriff auf die Stadt angefangen. So laut, so stark und sehr überraschend. So wie ein Gewitterregen sind die Bomben auf die Stadt herab geregnet, mitten in der Nacht, keiner hatte damit gerechnet. So schnell wie die Nerven reagieren können, sind alle raus gerannt. Marwah, die aus ihrem tiefen Schlaf erwachte, hat bei dem Chaos ins Bett ihres Kindes gegriffen und ist auf die Straße gerannt. Eine Familie hat angehalten und sie rückten zusammen im Auto, so dass es für sie auch Platz gab. Und der Fahrer ist gerast, hinaus aus der Stadt. Ohne Licht, damit das Auto kein Ziel für die überall feuernden Pistolen wird.

Ein paar Minuten später stieß Marwah einen Schrei aus, der allen das Blut in den Adern gefrieren ließ. In der Eile und dem Chaos haben ihre Sinne sie getäuscht und statt des Kindes, hatte sie ein Kissen mitgenommmen. Man hat versucht das Kind zu finden, aber von dem Gebäude war kein Stein mehr auf dem anderen. Seit dem trägt Marwah ihr Kissen mit sich herum, singt

für es, als wäre es ihr kleines Baby und läuft herum
ohne Ziel.

 Die Frau hat aufgehört zu erzählen. Alle hielten inne
und schwiegen. Die Sonne geht unter über den traurigen Städten und zusammen starrten die Nachbarn
aus verschiedenen Städten in das Nichts.

Und ganz entfernt, da hörte man Marwah leise singen.

<u>Liebe</u>

Ihr könnt es glauben, oder auch nicht. Aber der Krieg war nicht immer in Syrien. Es gab eine Zeit, in der wir geliebt haben, gelacht haben und geträumt. Und das tief aus glücklichen Herzen. Eine schöne Zeit.
Ich weiß nicht ob der Krieg die Liebe verstärkt, oder sie gleichgültiger macht. Ob man im Angesicht der eigenen Sterblichkeit schneller lebt, intensiver empfindet.

Nachdem ich das erste Mal aus Deutschland nach Syrien zurückkehrte, da habe ich gesehen das sich die Liebe nicht mehr so versteckt hat wie früher. Man sah fast auf jeder Straße und in jeder Ecke die jungen Pärchen. Händchen haltend und näher nebeneinander laufend und erzählend, als es die Traditionen erlaubten. Ich mochte es so sehr, die Liebe so offen auf der Straße zu sehen. Und wie oft musste ich eigentlich die negativen Kommentare meiner Freundin wegen dieser Einstellung zur Liebe ignorieren? Ich war schon immer der Meinung, solange wir niemandem schaden, dürfen wir alles tun was uns glücklich macht.

Es gibt im Arabischen das, was die „reine Liebe" genannt wird. Das ist diese Art von Liebe, wie sie in Gedichten beschrieben wird. Die Seele, das Lächeln, die innere Schönheit. All das wird in der Geliebten bewundert. Aber der Abstand zu ihr wird beklagt. Die Frage wird gestellt, ob es überhaupt möglich sei so ein höheres Wesen, so einen heiligen Geist, so eine Form

des Übermenschen zu erreichen. Vieles was über das Körperliche hinausgeht, in das ewige Königreich der Gefühle wird besungen.
Darüber, ob es solch eine Liebe wirklich gibt haben wir in der Schule im Arabischunterricht oft diskutiert.

In der arabischen Literatur gibt es Beweise dafür, das man eine Frau so stark lieben kann ohne sie jedoch jemals zu erreichen. So sehr, bis der Verstand es schließlich nicht mehr aushält und der verzweifelt Liebende zu dem verrückten Quais wird.
Er, Quais, hat die schönsten arabischen Gedichte, die es jemals in der arabischen Literatur gab, geschrieben. Und wenn man sich verdeutlicht, das die arabischen Männer zu seiner Zeit von den Frauen nicht viel zu sehen bekamen und ich meine jetzt ihre körperliche Schönheit, ja dann kann man sich sicher sein, dass es viel mehr als ein menschlicher Körper war, der ihn um den Verstand brachte. Mit dem Bluten aus seinen von der Liebe geschnittenen Wunden, konnte er die Bewunderung seiner Geliebten gewinnen. Aber nicht die, ihrer Familie. Und wie es schon immer war und auch heute noch ist, hat die arabische Familie am meisten zu sagen wenn es um die Auswahl des Lebenspartners geht. Zu dieser Zeit, befand ausschließlich die Familie darüber.

So zerstreuten sich seine Mühen, seine Gedichte, seine Gedanken mit dem Wind der Wüste, so dass sie jedermann erreichten. Unter anderem einen Mann, der sich dachte, so eine tolle Frau. Die müsse er unbedingt besitzen. Von der Familie der Frau wurde er gesegnet und mit Freude angenommen. Nach der ersten Nacht mit ihr war er sich bereits sicher. Er hatte sich getäuscht. Den größten Verlust aber erfuhr Quais. Denn er verlor seinen Verstand. Bis zum Ende seines Lebens, wandelte er ziellos auf der Erde herum.

Natürlich könnte man sagen es seien Gerüchte. Märchen. So etwas ist nie passiert.
Aber spätestens wenn dein eigener Bruder eine volle Nacht auf deiner Schulter weint und man weiß wie peinlich es ist für den arabischen Mann zu weinen, genau dann fragt sich dein Verstand wie viel Wahrheit doch in der Dichtung steckt. Wenn er versucht zu verbergen, das jedes Detail in seinem Gesicht zittert. Und er dir erzählt, das alles was er verlangen wollte, es wäre nur das er mit der Geliebten drei Etagen über dir frei reden zu können. Spätestens dann weiß man, das die Gedichte von Quais keine Märchen sind.

Wir haben geliebt. Geliebt bis die Liebe uns hasste. Und wir haben geweint, als wäre es das einzige was unsere Augen tun sollten. Wir hatten eine Liebe die es geschafft hätte ein Universum zu erleuchten. Aber sie schaffte es nicht einen Krieg zu verhindern.

Es hat nur mich verletzt, als ich dachte ich kann gegen die Traditionen und Regeln der Liebe in meiner Gesellschaft angehen. Auch weil ich mit viel Sehnsucht für

das Leben, aber mit zu wenig Geduld dafür geboren
wurde.

Ich wollte nie warten. Auch nicht darauf, das der Junge den ich bewunderte mir seine Liebe äußerte.
So ergriff ich die Initiative, was mit Überraschung und
Ablehnung vergolten wurde. Trotzdem bestand ich
immer auf den Standpunkt, das niemand warten muss
wenn er liebt. Egal ob Mann oder Frau, man sollte den
Mund aufmachen und die gefangenen Gefühle befrei-
en.

Sie hat so oft erzählt, diese Freundin. Von dem Jungen
den sie liebt, wie sie sich das Leben mit ihm vorstellt.
Wie es aussehen würde, wie toll es doch wäre. Aber
gefangen durch ihren Stolz, war sie nicht bereit den
ersten Schritt auf dem Weg der Liebe zu gehen. Mit all
meiner Stärke habe ich sie unterstützt und ihr davon
erzählt, wie schön es doch sein könnte, wenn es klappt.
Und das es nur verlorene Zeit ist, die sie mit Überlegungen und Ängsten verschwendet. So oft habe ich es
versucht, bis sie schließlich nachgab. Weicher wurde.
Und dann kurz vor ihrem großen Schritt stand.
Aber die Katastrophe rollte bereits. Ihr Freund schrieb
mir und erklärte mir ehrlich, er sei schwul.
Wie schockiert war meine Freundin am nächsten Tag,
als ich ihr voller Überzeugung riet, die Frau sollte immer auf die Liebesbezeugung des Mannes warten. Täte
sie dies nicht, würde sie ihren Respekt verlieren, so sei
es schließlich üblich.

Was aus den Beiden geworden ist? Tja, das ist eine andere Geschichte.......

Damascus war eine Stadt die alles akzeptierte. Wir haben alles so genommen wie es ist. Wie so eine friedliche, tolerante Stadt zu einer Bühne für einen fürchterlichen Krieg werden konnte bleibt uns allen ein Rätsel.

<u>Leben</u>

*N*a, was ist los mein Schatz? Kannst du nicht schlafen?"

Es ist ein Uhr in der Nacht. Zusammen mit seiner Frau, liegt der junge Ehemann im Bett seines verreisten Bruders. Die Eltern haben darum gebeten, dass die beiden jetzt die letzte Zeit in der Schwangerschaft ihrer Schwiegertochter, bei ihnen verbringen. Man möchte zusammen sein, zu diesem großen Ereignis. Das erste Enkelkind wird erwartet und obwohl die ganze Familie schon ewig davon geträumt hat, niemand hätte denken können, dass die Zustände den schönen Traum in eine ständige Angst und nicht aufhörende Sorge verwandeln würden.

Die unruhige Braut dreht sich zu ihrem Mann und lächelt ihn an. Aber ihr Lächeln kann ihre besorgte Miene nicht verbergen.

„Mach dir keine Sorgen. Wir schaffen das. Bald werden wir ihn in den Armen tragen. Es wird alles gut."

Sie seufzt kurz und nach einem kurzen aufgeregtem Lachen fragt sie

„Was wenn mir das gleiche passiert wie meiner Schwester?"

„Nein wird es nicht. Schau, sie waren in einer anderen Stadt und da war es noch viel schlimmer als hier. Wir haben das Krankenhaus in der Nähe und sind nicht darauf angewiesen nach Damaskus zu fahren und sind daher nicht von den Sperrpunkten abhängig. Außerdem, deine Schwester ist jetzt auch kerngesund und ihr

Kind ist wunderschön."

„Sie wären beide beinahe gestorben, an dem doofen Sperrpunkt. Wegen des dummen Soldaten, dem alles egal war und der sie nicht durchließ zum Krankenhaus. Gott sei Dank hatte sie eine unkomplizierte Geburt. Doch wenn es anders verlaufen wäre, dann..." Ihre Stimme erstickt zusammen mit den Tränen in ihrem Hals.

„Ach Schatz komm, höre jetzt auf mit den dunklen Gedanken. Sei positiv, du wirst es schaffen. Glaub mir, dir wird nichts passieren ich verspreche es dir. Es kann ja nicht so schwer sein. Wenn es nicht anders geht, dann entbinde ich dich."

„Wie bitte?" ihr Gesicht lockert sich ein bisschen.

„Ja doch, einfach Beine auseinander, du wirfst und ich fange. So geht das."

„Du hast ja lustige Vorstellungen." lacht sie erleichtert.

„Ich kümmere mich um dich, das weißt du. Es passiert dir nichts."

Liebevoll streichelt sie ihren Bauch und flüstert.

„Ich mache mir aber keine Sorgen um mich, ich möchte nur, dass er gesund zur Welt kommt."

„Wird er auch. Und was sollte das heißen? Du bist mir genauso wichtig wie er und noch ein bisschen wichtiger."

„Hey sag das nicht!" stößt sie ihn an der Schulter an.

„Er kann dich hören."

Er lächelt zärtlich und legt die Lippen sanft auf ihren Bauch und flüstert.

„Hallo Kleiner. Alles klar? Deine Mutter ist mir böse.

Sie denkt ich liebe dich nicht genug, stell dir das mal vor. Wir warten auf dich, ja? Wir lieben dich alle und werden dich immer lieben. Es ist eine verrückte Welt in die du kommst, das sag ich dir jetzt schon. Aber wir sind immer bei dir und egal was auch passiert, an Liebe wird es dir niemals fehlen. Hörst du mich? Sei brav und tue deiner Mutter nicht so viel weh, nur ein kleines bisschen, ja? Wir warten auf dich und können es kaum noch abwarten dich zu sehen.“
Er richtet sich wieder auf, sie kommt ihm näher und drückt ihn an sich.
„ Ich liebe dich.“
„ Ich dich auch mein Schatz, euch beide.“

***

Bei der Gynäkologin sehen die jungen Eltern ganz begeistert den bewegten Bilder ihres Kindes auf dem Bildschirm des Ultraschallgerätes zu. Aber was das Gesicht der Ärztin verrät, ist keine Begeisterung.
„Sie werden einen Kaiserschnitt brauchen.“ sagt sie fest entschlossen.
Verständnislos schauen die beiden sie an.
„Ihr Baby liegt nicht richtig. Eine normale Geburt würde eine Gefahr darstellen, für beide. Mutter und Kind.“
„Verstehe.“ sagt der junge Vater. *„Dann machen wir es so.“* dabei schaut er seiner verwirrten Frau bestärkend in die Augen.
„Das Problem ist nur, unser Krankenhaus ist gerade in einer schwierigen Lage. Wir sind nicht so gut vorberei-

tet auf Operationen, weil wir nicht genug Material ha-
ben und keine Patienten mehr aufnehmen dürfen."
„Was schlägst du vor, Frau Doktor?" fragt der Vater ruhig und konzentriert.
„Wenn ihr in Damaskus einen Platz finden könntet
bis es soweit ist, dass du dort entbindest, das wäre
sicherer für beide. Aber wenn es nicht geht, dann ist
es nicht ganz so schlimm. Wir schaffen es hier auch.
Wir brauchen nur Blutspender, falls irgendwas, Gott
bewahre, schief laufen sollte. Wir haben leider nicht
genug Blutkonserven."
„Kein Problem. Mein Vater und mein Bruder haben die
passende Blutgruppe. Das sollte sich organisieren las-
sen, oder?" fragt er und in seinen Augen liest die Ärztin
die Bitte um Beruhigung der jungen, neuen Mutter.
„Na super. So klappt das schon."

***

„Aber selbstverständlich!" versichert der alte Vater, als
sein Sohn ihn fragt ob er sein Blut spenden würde.
„Jede Menge doch für den Kleinen und seine Mutter.
Alles was ich kann."
Und jetzt kommt das schwere Warten, auf das, was
man nicht erwarten kann. Jeder kämpft in sich gegen
die Sorgen, die in ihm wühlen. Warum muss es so sein?
Warum kann es nicht eine reine Freude sein? Ist es
dem Kind gegenüber gerecht, es ins Land des Todes,
des Hungers und Kriegs zu gebären? Ja, es ist die Hoffnung die geboren wird! Eine Freude für die längst lee-

ren Herzen, ein neues Leben, das sich dem Tod entgegen stemmt und gewinnt. Es muss sein und es wird gut.

 Ein paar Tage danach. Im Operationsaal holt das Kleine seine ersten Atemzüge und lässt seinen ersten Ruf erschallen. In den verschiedenen Ecken des Landes wurden ein paar Menschen mehr umgebracht, ein paar festgenommen und mehrere sind geflüchtet. Aber hier und in wer weiß wie vielen Krankenhäuser in dem gleichen Land, da fängt eine neues Leben an. Es hat noch keine Erfahrungen mit der Grausamkeit der Welt. Möge es auch keine machen.

***

Für meinen Neffen. Der sich vor mir immer noch in der Gebärmutter des Abstands versteckt. Mit dem Wunsch, auf ein kriegsfreies Leben für ihn und jedes Neugeborene überall auf der Welt.

100 Euro

Der hat einen alten Hunger!*" würde man auf arabisch sagen, wenn ein Erwachsener einfach nicht damit aufhören kann zu essen und das immer wieder.

Mein Vater hat uns erzählt, wie die Kinder in den Zeiten des Krieges, einer von vielen, die die arabische Welt erlebt hat, hinter den Pferden hergerannt sind und die Weizenkörner aus den Pferdeäpfeln aufgesammelt haben! Ja so hungrig waren die Kleinen und so verzweifelt waren die Eltern. Furchtbar! Dachten wir und waren dankbar, dass es nicht mehr so ist.
Aber was weiss man? Die Zeit hat sich wieder mal gedreht und hoppla, da kommt er wieder. Hunger.

„Ein halbes Bonbon oder ein Stück Kaugummi und sie werden verrückt, die Kleinen." erzählt eine Lehrerin an einer Grundschule in Syrien.
„Ich bekomme alles was ich möchte, die Hausaufgaben erledigt, die Tafel gesäubert von Kreideresten und die neuen Texte vorbereitet. Sie machen alles, wenn ich ihnen irgendwas zu essen verspreche!"

Wie viele deutsche Kinder würden sich mit einer Tafel Schokolade zum Lernen motivieren lassen?

Ob die Kinder nichts zu essen zu Hause kriegen, könnte man sich fragen. Aber wenn man sich die Preise, die sich in den letzten Jahren verzehnfacht haben anguckt und die mit den gleichgebliebenen Gehältern vergleicht, dann hat man seine Antwort.

„25 s.p.[5] haben die Kleinen manchmal in den Händen, ihr ganzes Taschengeld und nicht mal einen kleinen Beutel Chips können sie sich damit kaufen oder ein halbes Gebäck, es ist ein Wahnsinn!"

Überlegt mal. Vor fünf Jahren, konnte man seinem Kind 10 s.p. mit zur Schule geben und das Kind konnte damit zwei Sachen kaufen und jetzt nichts. Nicht unbedingt weil es teurer geworden ist, sondern manchmal auch weil es nichts gibt, in den eingekesselten Städten.

„Aber man kann schon die Familien erkennen, die Verwandte im Ausland haben, die ihnen regelmäßig Geld schicken." erzählt die Lehrerin weiter.
„Wieso?"
„Mit der syrischen Währung kann man nicht so viel anfangen, aber Dollar und alles was ihm gleicht, das kauft alles. Alles ist teuer für den, der sein Geld hier verdient. Aber mit Geld aus dem Ausland kann man trotz allem gut leben. Gas zum Kochen, Öl zum Heizen und Lebensmittel. Alles was man sich so vorstellen kann, leisten sich diese Leute mit der Hilfe aus dem Ausland."
„Wie viel braucht man dafür?"
„100 Euro" sagt sie. *„100 Euro pro Erwachsenem und Monat, wer das hat, den kann der Krieg nicht mit Hunger oder Kälte vernichten."*
„Nur 100 Euro!"

„*Nur 100 Euro?! Das ist mein Gehalt für zwei Monate Arbeit.*“

Nur 100 Euro!

Einheit

Man erzählte sich oft, wie die Soldaten im zweiten Weltkrieg zur Weihnachtszeit die gleiche Sehnsucht hatten. Aus allen Bunkern konnte man das gleiche Lied hören. Britisch, Amerikanisch, Deutsch, Russisch und Französisch alle Soldaten hörten das gleiche Lied und teilten den gleichen Traum. Den Traum von Zuhause.

Krieg ist hässlich. Jeder Krieg ist ein großes schwarzes Loch im Herzen der Menschlichkeit. Aber die schlimmste Form dieser Hässlichkeit ist der Zivilkrieg.

Ein Land, das das Erdbeben des Hasses erschüttert und entzwei reißen will. Zwei Brüder, die das Todesrohr einer Waffe der Verblendung sich gegenseitig ins Gesicht halten und dann schießen. Einem Leben das Recht auf Existenz entziehen und dabei der eigenen Existenz jede Bedeutung rauben.

Es ist ein Krieg, den keiner gewinnt. Krieg der Verluste und des ewigen Bereuens.

***

Morgens in Syrien. Alle Häuser, alle Straßen, alle Busse und alle Läden an jedem Sperrpunkt und in jedem Herzen die gleiche Melodie, die gleiche Stimme. Es ist Fairouz die singt. Die bekannte libanesische

Sängerin, die mit ihren simplen Liedern, die aus dem
reinen wahren Leben der arabischen Ländern ent-
stammen, alle Ohren bewohnt. Sie besitzt jedes Herz
und jeden Verstand. Es herrscht eine allgemeine Zustimmung darüber, dass ihre Lieder am Morgen die
schönste Art sind, den Tag anzufangen.

Wofür kämpfen sie? Hast du jemals einen gesehen,
der sich mit seinem Spiegelbild streitet? Es ist die gleiche Person hinter der Sperre, so wie davor. Schau sie
dir an, in ihrem morgendlichen Erwachen. Sie hören
das gleiche Lied, essen das gleiche Frühstück, es ist
die gleiche Teekanne auf jedem Tisch, sie fangen zusammen an, werden alle zusammen satt. Doch wofür
kämpfen sie?

Jetzt warten alle vor der Sperre. Vorne ist was los. Ein
Bürger hat seine Papiere nicht dabei, muss aussteigen
und es wird diskutiert, es wird geschrien und geschla-
gen.

„Stopp. Komm mein Bruder, lege deine Waffe an die
Seite und ich vermeide die harten Worte. Komm mit mir,
wir gehen zusammen und holen das Brot aus meinem
Haus und das Salz aus deinem. Lass uns gehen, wir set-
zen uns an diesem Felsen und wir reden über unsere
Kinder. Komm lass uns gehen und lass uns lieben.“

Gewöhnung

In der medizinischen Bibliothek an der Damaskus Universität sitzen die Studenten in Massen und lernen. Kein Platz ist mehr frei. Und jeder ist mit seinem Stoff voll beschäftigt. Die paar Regale an den Wänden enthalten wenige Manuskripte, die wahrscheinlich in Jahren nicht angefasst wurden. Aber auf den Tischen sind die Hefte, Bücher und Vorlesungsausdrucke vor jedem Student unzählbar. Jeder weiß, dass es von dem eigenen Fleiß abhängt, wo man am Ende landet und dass man hier, an der ältesten und wichtigsten Universität Syriens, nicht viel geschenkt bekommt. Von dem Krieg der draußen läuft, scheint keiner etwas mitzubekommen.

„Hey! Hörst du das?" flüstert Amar ins Ohr seines Freundes.
„Ja, ich weiß auch nicht wie man mit so lauter Musik in den Ohren lernen kann." sagt der andere und wirft dem Studenten, der mit voller Lautstärke seine Musik genießt und dabei ungestört weiter liest, einen bösen Blick zu.
„Aber das meine ich nicht."
Der Freund blickt in die Weite und versucht mit scharfen Ohren das zu erkennen, wovon sein Freund redet.
„Nein, ich höre gar nichts! Was ist denn?"
„Das!" Amar hebt den Zeigefinger und schüttelt ihn in der Luft, jedes mal wenn er das Geräusch hört.

Verwirrt guckt der Freund seinen Kollegen an und weiß nicht ganz genau worauf er hinaus will.

„Die Bomben Mann, die Bomben. Sie fallen, immer noch."

„Ja! Aber das war schon immer so! Jeden Tag, jahrelang was ist heute anders?!" flüstert er genervt, denn es ist kostbare Lernzeit, die sein Freund hier verschwendet.

„Aber warum hören wir die nicht mehr? Es sind doch Bomben, sie fallen auf Menschen und sie sterben dabei."

„Ja was kannst du machen? Was willst du machen? Echt jetzt, ich glaube es kaum, dass wir dieses Gespräch führen. Es ist doch unser tägliches Leben, was ist los mit dir? Anscheinend brauchst du eine Pause. Geh rauche eine Zigarette oder iss was. Um Gottes Willen Amar, wir haben bald Prüfungen!"

„Findest du dich normal, wenn du das nicht mehr hörst? Die Frauen die mit ihren Kindern auf den Straßen liegen, unter den Brücken im Regen, die scheint auch keiner mehr zu sehen."

„Ja es ist nicht normal für einen normalen Menschen, vielleicht. Aber was ist normal an dem was wir leben? Es ist klar, dass unsere Gehirne die Geräusche und die Gedanken in den Hintergrund schieben werden, dass es uns nicht ständig in unsere Gedankenbahn springt. Was denkst du, wie könnte man sonst überleben? Und jetzt lass mich bitte lernen. Ich will die Prüfungen bestehen, damit ich irgendwann aus diesem Scheißland rauskomme."

Schweigend wendet Amar sich wieder seinen Heften zu und jedes mal, wenn er das Geräusch hört sagt er sich normal, normal, normal.......

Reise

Glaube ihm nie. Dem, der dir sagt, er ist ganz einfach nach Deutschland gekommen. Dass er einfach so da ist kannst du ihm gerne glauben, aber dass man einfach so Deutschland erreichen kann stimmt nicht. Zumindest in den meisten Fällen nicht.

Für die Reichen ist die Welt glatt und eben. Die Berge, die Täler, die Meere, das alles ist für uns da. Und es ist an uns es zu überwinden.
Ich erinnere mich an uns. Es ist ja auch nur zwei Jahre her, oder drei. Aber das ist auch eine Ewigkeit, in einem anderen Sinne. Trotzdem erinnere ich mich daran, an zwei junge Freunde, an ihre Ängste und Träume. Und an ihren Mut. Wie oft hatten wir dieses kurze Erwachen, Momente in denen wir uns ausgelacht haben. Es war nahezu unmöglich. Stammend aus Familien die dankbar sind, dass sie jeden Tag etwas auf dem Tisch zu essen haben. Hin zu einem anderen Land, das vielleicht wie die Heimat ist, sie aber in manchen Beziehungen nie nähren kann. Die enormen Kosten, die Angst als Frau keine Arbeit finden zu können, all die Sorgen. Es war mehr als unsere jungen Jahre tragen können.

Warum Deutschland? Diese Frage bleibt für mich immer noch unbeantwortet. Jetzt hab ich unendliche Gründe, warum ich hier bleiben will. Jetzt ist es ein untrennbarer Teil meiner Persönlichkeit geworden.

Deutsch reden, Deutsch atmen, Deutsch lieben.
Aber damals, als das ganze angefangen hat, wieso
Deutschland? Es war vielleicht eine Art Deutschland
Fieber,welches sich zu dieser Zeit zwischen den Studenten ausbreitete. Die deutschen Universitäten sind
ein Traum und es schwebten die Gerüchte herum,
darüber, wie man mit Fleiss aus den Deutschen Sprach-
instituten volle Stipendien bekommen könnte. Für
ein Studium. Und für das Medizinstudium kriegt man
in Deutschland ab dem achten Semester 2500 Euro
monatlich, bis zum Ende des Studiums. Naive Träume-
reien!! Aber wie schnell sich die erschöpften Menschen
an der Süsse ihrer Träume betrinken. Wir waren schon
weg, fort und auf dem Weg in das Unbekannte.

Ich sehe es noch ganz genau, ich fühle es in meinem
Hals. Die bittere Wut.
*„Wenn ich könnte würde ich Schwimmbäder mit Geld
füllen und alle Leute darin schwimmen lassen. So
viel, dass es einem schlecht wird von dem Geruch des
Geldes."* hab ich mal gesagt in einer Wutrunde.
Welches Gefühl, wenn ein fremder Freund dir hundert
Dinar (105 Euro ungefähr) in deinem Buch versteckt,
als kleine Hilfe mit auf den Weg gibt. Es brennt in
deinen Körper das Gefühl der Peinlichkeit. Aber es
tröstet deine Seele, mit dem Glauben an eine lebende
Menschlichkeit.

Ein Bankkonto mit 8000 Euro oder ein Deutscher,
der genug Besitz hat und für dich die Bürgschaft stellt.

Hört sich vielleicht nicht so kompliziert an, ist es aber.
Es sind die Bedingungen für ein Visum nach Deutschland, unter anderem. Monate voller Arbeit und voll
des Wartens, von einer Enttäuschung zu der anderen
wie ohnmächtig taumelnd. Dabei lernen, die Sprache
lernen, als wäre sie das Rettungsseil, was dich aus dem
tiefen, dunklen, unruhigen Meer des Scheiterns her-
rauszieht.

Jetzt, wenn man in Deutschland ist und die Leute
es wagen einen besser kennen zu lernen, man hat so
viele, die für einen selbst bürgen würden. Aber was
nutzt das für die alte Vergangenheit? Die Familien, die
sich den Beleidigungen des Fragens aussetzen. Die anfangen von Bekannten, Freunden und Familie Geld zu
erbetteln, alles für das motivierte Kind. Es ist für keinen
einfach. Wir geben auf, aber was kommt dann?
Warum Deutschland?
Weil es keine andere Möglichkeit gab. Und es war ein
Traum, der alle Mühen wert ist.
Wir wollten nicht flüchten, wir sind es auch nicht. Aber
wer sich einen würdigen Weg hierher schneiden will,
der hat was vor sich und es wird nur noch schwerer.

Wir haben es geschafft.
Jedes mal wenn es hier schwer ist und ich in der S-Bahn
sitze, mir überlege wie ich weitermachen könnte, ja
dann gucke ich aus dem Fenster und sehe Berlin. Die
Geschichte Deutschlands, die roten Dächer der Häuser,
die Deutschen um mich herum, die Ansagen der ver-

schiedenen Stationen und es überfällt mich ein Gefühl der Zufriedenheit. Ich schließe die Augen und lächele mein Schicksal an. Und tief in mir, da genieße ich meinen Sieg über die Vergangenheit.

Blut!

Auto fahren in Syrien ist eine Katastrophe. Schon vor dem Krieg war das so, von der Situation jetzt ganz zu schweigen. Wie in Europa auch, gibt es Verkehrsschilder und Regeln und manchmal da sind die weißen Streifen der Fußgängerüberwege gerade noch zu erahnen. Trotzdem hält sich niemand an die Verkehrsregeln. Was das Fahren und sogar das Laufen, kurz den gesamten Verkehr, zu einer einzigen Herausforderung macht.
Eigentlich sollte man sich im Auto auch anschnallen und Kinder sollten auch nicht auf dem Schoß des Fahrers sitzen. Trotzdem wird es gemacht, aus Liebe zu den Kindern, die es so sehr mögen.

  Nachdem seine Frau kurz nach der Geburt des letzten Kindes an Krebs verstarb, war es für den allein erziehenden Vater von drei wunderschönen Kindern nicht mehr so einfach. Aber es ist ja nie einfach, Kinder allein zu erziehen. Besonders für einen arabischen Mann, der es gewöhnt ist, zu Hause kaum etwas tun zu müssen, ist es fast unmachbar. Trotzdem hat er es gut geschafft die Kinder gesund zu erhalten und glücklich zu machen, bis er eine neue Frau gefunden hat. Und jetzt hat er vor, sein zur Zeit vierjähriges Kind zu den Großeltern zu fahren, die sich um die Kinder kümmern, wenn der Vater verhindert ist. Er versucht, in dieser Zeit neue Ware für sein Geschäft direkt aus der Hauptstadt zu besorgen.

Fröhlich sitzt das Kind auf seinem Schoß, hält das Lenkrad mit seinen kleinen Händen fest und brummt, als wäre es der schnellste Fahrer auf der Welt. Zufrieden fährt der Vater, sieht jedoch im Augenwinkel eine merkwürdige Bewegung im Rückspiegel. Und bevor er genauer gucken kann, sind die beiden Wagen heran gerast, an ihm vorbei und plötzlich vor ihm. Ganz klar erkennt man an den Gewehrläufen, die aus den Autofenstern ragen, dass Soldaten darin sitzen. Sie versuchen das Auto vor ihnen und den Mann darin, zu stoppen. Keiner von uns wusste warum, oder was der Mann in dem Auto getan hatte. Er aber schien zu wissen, wenn die Soldaten mich stoppen, werde ich mein Leben verlieren. Nur ein paar Sekunden später haben die Soldaten es geschafft. Wie ein Blitz springen sie aus dem Wagen und holen den Mann aus dem Auto. Der Verkehr fängt an sich hinter dieser Szenerie zu stauen. Aber niemand würde etwas sagen, was in dem Moment unter den Leuten umgeht ist mehr als nur Angst. Es ging sehr schnell. Fünf Soldaten packten ihn und sein Körper wehrte sich gegen ihre Griffe, indem er jeden Muskel anspannte. Sie schieben ihn zur Rückseite ihres Autos. Ein Soldat öffnet den Kofferraum und gemeinsam versuchen sie ihn hinein zustopfen. Er schlägt, er tritt, er wehrt sich mit allem was er hat. Er hat Todesangst. Die Geduld des Offiziers ist erschöpft. Er zieht seine Waffe aus dem Holster und schießt dem Mann ohne Vorwarnung in den Kopf.

„Blut!" Ruft das Kind im Schoß des Vaters und zeigt

mit dem Finger in die Richtung der tragischen Szene. Der Vater ist vor Schreck erstarrt. Erst langsam begreift er und hält beide Hände schützend vor die Augen seines Sohnes.

Kein Zappeln mehr. Ruhe. Die warme Leiche wird wie Müll in den Kofferraum geworfen. Alle steigen ein und fahren weiter. Der Stau löst sich auf und der Verkehr normalisiert sich wieder. Aber niemals wird der Bruch in den Seelen der erzwungenen Zuschauer heilen.

Und es ist sicher, sollte dieser kleine Junge später, als Mann unter Depressionen leiden und das Glück haben einen Psychiater zu finden der ihn behandelt, der Arzt wird sich nicht langweilen.

Arabischer Held

S habeeh" ist ein Wort, das als Beschreibung eines Mannes benutzt wird, der ein typisches Erscheinungsbild hat. Er ist groß, mit grimmiger Miene. 15 cm langem schwarzem Bart und er trägt seine Waffe so, dass jeder sie sehen kann. Seine Hauptaufgabe ist die Einschüchterung der Leute, sowie alle schmutzigen Jobs die für andere doch zu unangenehm sind.

***

Ein Mann läuft zu seinem Auto und er trägt bei sich zwei große Tüten, in jeder Hand eine. Auf dem Weg überlegt er sich Ausreden für das ganze Gemüse, welches er jetzt in seinem Auto hat, wenn die Soldaten an der Sperre danach fragen. Die Sache ist, seine Frau hat ihn darum gebeten irgendwas mitzubringen aus der Hauptstadt. Denn dort wo sie wohnen, kriegt man nichts außer kranke, schmutzige mit Pulverdampf durchsetzte Luft. Und er weiß doch, dass es allen Nachbarn an Essen mangelt. Also nimmt er so viel mit, wie er kann. Vielleicht kommt es ja alles durch.

Die Straßen der Hauptstadt sind nicht mehr zu erkennen. Aus allen anderen Städten sind die Leute hierher geflüchtet. Es ist trotz der überraschenden Schusswechsel und den vereinzelten Bomben, die hier oder da ihren Weg zum Boden finden, trotz allem ist sie die sicherste Stadt des Landes. Es sind einfach so viele

Leute hier, man sieht nichts außer Leuten. Aber hören kann man den Schrei einer Frau, zuerst ist er klar zu erkennen dann wird er unterdrückt. Er kommt aber wieder hervor und nähert sich.

Niemand traut sich zu gucken. Man möchte nicht wirklich wissen, was los ist. Aus dem Augenwinkel erblickt der mit Gemüse beladene Mann das Taxi. Wegen des Staus muss der Taxifahrer sich durchkämpfen, langsam aber stetig zwischen den Massen hindurch. Das verzweifelte Schreien der Frau wird lauter. „Lass mich los, Hilfe Hilfe, lass mich gehen…"

Vorsichtig schaut er ins Taxi hinein und sieht den dunklen Bart, sieht auch die Pistole ganz offen und ordentlich liegend auf dem Schoß des Mitfahrers. Der Taxifahrer, wie zu einem Stück Stein erstarrt, beide Hände auf dem Lenkrad. Auf seinem Gesicht kann man gar nichts lesen. Eine leere Seite.

„Es geht dich nichts an. Du kannst nichts tun. Es geht dich nichts an." sagt der Gemüsekäufer zu sich selbst, schließt die Augen und versucht sich davon zu überzeugen, dass es nur eine Erinnerung aus einem Albtraum ist, das was er gerade hört. Um ihn herum laufen alle unsicher umher. Man spürt die Angst, die Spannung, man hört fast die Gedanken der Leute, wie sie kreisen.

Das Schreien hört gar nicht auf und jetzt kann er es auch sehen. Der Shabeeh versucht den Kopf der Frau

in die Polster der Rücksitze zu pressen, so, dass ihre
Stimme in ihrem eigenen Hals erstickt.

„Ich bin eine Ratte. Es rührt mich gar nicht an. Ich bin
eine Maus, so klein und ohne Stolz. Ich muss nichts
machen, ich bin kein Mensch, ich bin eine Ratte." Er
denkt an seine Kinder. Er möchte wirklich zurück nach
Hause. Seine Kinder brauchen ihn. Waisen haben in
dieser Zeit keine Chance auf ein Überleben. Er muss
leben! „Komm, du bist ein Insekt, ein Nichts du kannst
nichts machen also lauf einfach weiter."

Ein paar Schritte entfernt von dem Taxi. Das Schreien
dringt durch die verschluckten Tränen der Frau. Man
hat das Gefühl, sie erstickt gleich. Dieses Gefühl teilt er
mit ihr, in seinem Hals ersticken tausend Schreie.

„Hallo. Halten sie das bitte." sagt er zu einer Frau
hinter ihm. In ihrer Überraschung nimmt sie die zwei
großen Tüten sofort in die Arme und fängt an ihn zu
beobachteten.

Es ist eins dieser alten Autos bei denen man die Türen
selber verriegeln muss, indem man einen Knopf herun-
terdrückt. Doch weshalb sollte ein Shabeeh seine Tür
verriegeln müssen? In ein paar Sekunden passiert das
Unfassbare. Die Tür wird aufgerissen und mit einem
Schwung zieht er den Shabeeh, der mindestens 10 cm
größer und 20 kg schwerer ist als er selbst, heraus.
Wirft ihn auf den Boden, dabei fliegt die Pistole durch

die Luft, kracht auf das Straßenpflaster und landet zwischen den Füßen der Zuschauer in deren Augen das Feuer der Wut brennt. Er nimmt die Hand der Frau, hilft ihr heraus, stützt sie und bringt sie zum Rand der Straße. Ohne ein Wort mit jemandem zu tauschen, läuft er zurück zu der Frau die immer noch seine Einkaufstüten hält. Er bedankt sich bei ihr, nimmt seine Sachen und läuft weiter.

Den Shabeeh erkennt man nicht mehr zwischen den wütenden trampelnden Beinen der Leute.

Die Frau, die die Tüten in der Hand hatte und mit aufgesperrtem Mund das Ganze ansah, läuft ihm hinterher.

„Kann ich ihnen helfen?" fragt er sie.

„Nein, entschuldige!" sagt sie zu ihm. „Ich wollte nur gerne ein paar Meter neben einem echten Mann gehen."

Kultur

Du musst dich in dieses Land verlieben. Man kann sich dem nicht entziehen. In dieses Land muss man sich einfach verlieben. Seine Straßen, seine Mauern, seine Geschäfte und selbst in die vollen, überfließenden Mülltonnen in den Ecken. Jeder muss es lieben.

Syrien, Damaskus und das Leben im Schatten der ältesten Hauptstadt in der Geschichte der Welt. Die Leute sind es, das was das Land ausmacht. Und dort konnte man leben, lieben und geliebt werden. So sehr von ganzen Herzen, dass es wie die Hölle weh tut und man macht trotzdem weiter. Land der Wunder. Wo ein Fremder sich auf der Straße zu Hause fühlt und wo jeder willkommen ist. Das Essen, die Kleidung und die Musik. Da wo Gedichte gesungen werden und es betrinkt sich das Herz an der Freude.

Warum machen wir Fotos? Um uns mit den Erinnerungen danach ewig zu quälen? Warum machen wir Videos? Um die Folter noch mit Bewegung und schreiend zu genießen? Videos von Familientreffen, wo sich hundert Menschen in einem Haus versammelt haben und jeder Platz gefunden hat. Jeder kannte jeden und ich frage meine Mutter ständig, in meiner Verwirrung zwischen den Gesichtern, den neuen und den alten. Fragte sie, vor Angst Jemand kommt und drückt mich an sich, mit Herzlichkeit die mich fast erstickt, ohne zu wissen welche Verwandtschaft uns verbindet. Da wo gerne für alle gekocht wird und nach jedem gefragt wird. Wo niemand allein war. Dort in unseren Erinnerungen.

Und die Hochzeiten. Eine Woche der Festlichkeit. Jeden Tag singen, tanzen und sich auf das neue gemeinsame Leben freuen. Zauberhaft diese reine Freude, die dieses Volk schöpfen konnte. Jetzt wird die Freude auf die verheirateten Paare mit zwei mageren Stunden abgekürzt und das Herz schreit nach der verlorenen Zeit. Die Armen, die sich die Mägen füllen konnten, zu jeder Hochzeit, wo das Essen seinen eigenen Tag des feierns hatte. Wofür sich die Frauen bereits zwei Tage davor trafen und anfingen Bulgur und Reis zu sortieren. Zu sehen wie viele zusammen arbeiteten, glücklich und zufrieden. Ohne einen Lohn dafür zu erwarten, außer der Freude, die man bei dem Zusammensein gewinnt. Wunderbar!

Und jetzt ruft sie mich an, meine liebste Cousine. Ich in einem Land, sie in einem anderen. Und sie sagt, ich habe geheiratet. Ich gratuliere und denke an unsere Träume, unsere Vorstellungen und Erwartungen und ich schwöre es ihr. Wenn einer dem Kind, das ich mal war gesagt hätte, dass ich nicht bei ihrer Hochzeit sein würde und dass alles so fremd und abtötend verlaufen würde, wie es jetzt ist. Ich hätte ihm voll eine ins Gesicht gegeben.

Die Feste sind was für Kinder. Das haben wir festgestellt, seitdem wir keine Kinder mehr sind. Die zwei Feste, die wir wirklich feiern als Muslime. Das Zuckerfest nach Ramadan und das Opferfest während der Pilgerzeit, der Haddsch und die tausend anderen an denen wir mit den Brüdern von anderen Religionen und Abstammungen ihre Freude teilen. Die paar Tage vor dem Fest, in denen die Nacht auch zum Tag wird und zu jeder Zeit Leute auf der Straße waren. Neue Klamotten kaufen, Süßigkeiten und alles was zu dem Ereignis gehört. An dem Tag vor dem Fest die Kanonen des Festes singen zu hören und sich über die Geräusche zu freuen. Und jetzt? Jetzt ist jede Kanone ein hässlicher Aufruf sich zu verstecken und eine Einladung zur Traurigkeit.
An dem ersten Tag das Geld von den Eltern, Verwandten und Freunden der Familie zu bekommen und auf die Straße zu rennen. Den letzten Cent ausgeben, einfach fröhlich sein. Es war irgendwann nichts mehr für uns.

In Deutschland guck ich mir meine kleinen Cousinen an und es bedrückt mich, keine Spur von Interesse in ihren Augen zu sehen für die Feste. Feste, die Teil ihrer Kultur sind und ihre Herkunft definieren. Ich hol alles was ich in meinem Portemonnaie an Geld hab heraus und verteile es zwischen ihnen. Trotzdem träumen sie nur noch vom Weihnachtsmann und Osterhasen. Ob Weihnachten besser ist, weil jeder groß und klein, jung und alt was nimmt, aber auch bekommt, das weiß ich nicht. Es sind aber die Feste, die zu uns gehören und man darf sie nicht verlieren. Man darf die eigene Identität einfach nicht verlieren. Die ganzen Erinnerungen und Erfahrungen, was man daraus lernt.

Ich hatte mich als kleines Mädchen immer so aufgeregt, weil mein Vater meinen beiden Brüdern mehr Geld gab als mir. Bis es den beiden gereicht hat und sie mir erklärten, dass sie dann auch mir Geld geben mussten, weil die Brüder zu den Festen die Schwestern mit Geld, Liebe und Aufmerksamkeit umgeben sollen. Und so hatte ich im Endeffekt mehr als die beiden. Dazu kam noch, sie mussten auch, wenn wir irgendwohin gegangen sind, für mich bezahlen, so dass sie am Ende kein Geld mehr hatten und mein Geld fast soviel blieb, wie es am Anfang war. Eben aus dem Prinzip dein Geld ist meins und mein Geld ist meins, heraus. Das alles was die Kinder jetzt verpassen, diesen Spaß, diese Erfahrungen. Sie wachsen auf und die Kultur in ihren Herzen wird nur kleiner.

Syrien war und bleibt ein reiches Land. Mit allem was es enthält, mit allem was es zu geben hat und diese Zeit der Grausamkeit ist nur vorübergehend. Sie ist nur ein Ergebnis für die mangelnde Anerkennung der Welt für seine Schönheit. Aber es ist noch da dieses Land und wird es immer bleiben, bis an das Ende der Zeit.

Herzchirurgie

ann sehen wir uns gleich."
„Ja, ich versuche mich zu beeilen."

Der Herzchirurg hängt das Telefon auf und seufzt. Er hofft, dass der Weg offen ist und er seinen Patienten rechtzeitig erreichen kann. In seinem Kopf klingeln immer noch die Warnungen seines Kollegen, einem anderen Herzchirurg.

„Ich sag es dir Mann, sie werden dir nicht mal ein Skalpell in der Hand anvertrauen. Du wirst nichts machen können. Von den Operationen, die wir jetzt machen, davon wirst du nur noch träumen können. Ich war da, ich hab es probiert. Tu es dir nicht an."

Er seufzt wieder, als er erkennt, wie lang der Stau an dem Sperrpunkt ist. Nach ein paar Minuten steigt er aus und läuft zu einem der Soldaten, die ganz entspannt herumstehen und die Autos anschauen.

„Entschuldigung, ich bin Arzt. Ich muss schnell ins Krankenhaus zu einer Operation. Mein Patient muss dringend operiert werden."
„Arzt sagst du, ja? Ok lieber Arzt, lauf zurück in dein Auto und lies ein paar Seiten aus den Quraan. Vielleicht hilft es dir mehr Geduld zu haben."

Der Arzt dreht sich um, geht zu seinem Auto und fängt

an zu lesen. Nach einer halben Stunde läuft er wieder
vor zum Sperrpunkt.
„Wie lange muss ich denn lesen?" fragt er den Sol-
daten.
„Je mehr desto besser. Auch für dein Leben nach dem
Tod." ist die Antwort.
„Bitte, es ist wirklich dringend!"
Er fühlt den Kloß im Hals und er denkt auch an das
Geld, das er verlieren wird, wenn er die Operation
nicht durchführen kann. Es ist nicht einfach für einen
Chirurgen in Syrien, die Leute haben kein Geld und
können kaum zum Arzt gehen. Von Operationen ganz
zu schweigen, niemand kann sich das leisten.

„Ja das Geld ist gut. Du bist ja nicht von der Anzahl
deiner Patienten abhängig. Und niemand wird um den
Preis der Operation mit dir feilschen. Als Arzt bekom-
mst du dein Geld vom Krankenhaus und Schluss. Da
geht es allen gut. Aber wie gesagt, bis sie dich dort an
die Arbeit lassen bist du zu alt um Herz vom Magen zu
unterscheiden. Vergiss es, sag ich dir."

„Ich muss durch, bitte!" bettelt der Arzt.
„Mann bist du zickig" ruft der Soldat ihm entnervt zu.
„Geh nach Hause, der Patient ist längst tot."
„Was?!"
„TOT"

„Nach Deutschland, nach Deutschland, nach Deutschland..." kreisen die Gedanken im Kopf des Arztes...

Ich möchte leben

Wo ist dein Bruder? Geh und hol ihn, lass ihn gucken gehen, was er finden kann. Irgendwas müssen wir schließlich essen."

Die Schwester lässt ihr Handy liegen, seufzt und geht ins andere Zimmer. Sie weiß, dass es nichts gibt, was man kaufen kann. Das hat ihr gerade ihr Geliebter geschrieben. Aber was sagt sie ihrer Mutter? Sie wird die ganze Situation vergessen und nur schimpfen, dass ihre Tochter keine Moral hat und keine Ahnung was mit Jungs treibt. Aber es ist Krieg und jeder sehnt sich nach etwas Wärme. Er ist für sie die einzige Quelle des Glücks. Teenagerquatsch würde die Mutter sagen. Aber selbst im Alter von sechszehn, sind die beiden keine Teenager mehr. Der Krieg hat auf das Alter von jedem, unzählige Jahre draufgelegt. Er kann auch nur noch vom Reisen reden. Von seinen Träumen, seine Verlobung zu ihr endlich offiziell zu machen und nach Europa zu fliehen. Dann würde er sie zu sich holen. Träume, nur Träume.

Also egal, sie schickt ihren Bruder. Er wird es sein, der mit der bitteren Antwort zurückkommen wird.

Kaum verschwindet sie ins andere Zimmer, hört die Mutter ihre Schreie.
„Nein! Was machst du da? Komm sofort da runter! Yousef, bist du verrückt geworden?! Komm da runter."

Die Mutter rennt zu ihr und erstarrt, als sie ihren 14 jährigen Sohn, stehend auf dem Rand des Balkons und kurz vor dem Sprung die fünf Etagen hinab bis auf den Asphalt, sieht.
„Oh lieber Gott, was machst du da? Spatz komm da runter!"
Der kleine Mann dreht sich zu seiner Mutter und Schwester um. Er sagt mit seiner ruhigen, gefühllosen Miene.
„Warum? Was ist der Sinn?" fragt er gleichgültig.
„Mein Schatz du bist so jung. Was sagst du da?"
„Bin ich? Wirklich?" fragt er leise.
„Bitte Yousef, komm. Es reicht alles was wir haben. Bitte verbrenne mein Herz nicht noch mit solchen Sachen. Ich lieb dich, mein Sohn, komm runter."
„Ich möchte leben Mama. Ich möchte leben."

***

 Anamnese: 14 jähriges Kind, schwere Depression, suizidgefährdet
Behandlungsvorschlag: Stoppt den Krieg.

<u>Heidelberg</u>

Wie die erste Liebe ist diese Stadt, einfach unvergesslich.

Es war deine erste Begegnung mit der Schönheit Europas und es war faszinierend. Eine Begegnung mit deiner Vergangenheit, obwohl du noch nie eine Erinnerung in ihrer Straßen hattest. Aber entlang ihres Neckars, hast du deine Stimme wieder gefunden und hast wieder gesungen, wie mit jener Freundin entlang am alten Fluss in Damaskus. Der Barada[6] trocknete aus, mit dem Blut das er getrunken hat, an den Rändern seiner lieben Stadt. Der Neckar tröstete dein Gedächtnis und liebte dich so neu, wie du warst.

Von dem alten Schloss hast du den Zauber der reichen Stadt erblickt und da hast du dich verliebt. In ihre Brücken, in ihre Häuser und in sie selbst.

Von einem ihrer Geschäfte hast du eine Erinnerung mit nach Hause getragen und hast erzählt, wie wunderbar eine Stadt nur sein kann. Auf dem Regal, in dem Haus Tausende von Kilometern entfernt von dir, steht deine Erinnerung, das weißt du. Da steht sie neben den Herzen deiner Eltern, da, wo du lange nicht mehr bist. Und weil du nichts vermissen kannst, nichts, was es nicht mehr gibt, nicht die Straßen die du als Kind gelaufen bist, nicht die Schule die du besucht hast und nicht die Freundin, die du mal hattest, von der du jetzt keine Ahnung hast, wann immer dein Herz sich sehnen will, nimmst du es mit deinen Gedanken nach Heidelberg. Findest da deine Füße wieder und erkennst deine Schritte. Erinnerst dich an alles und schwimmst trotzdem in dem süßen See des tröstenden Vergessenes.

Bist du das wirklich?!"
Ich schaue mir den Namen neben dem grünen Punkt an und lächele meine vergessene Vergangenheit an.

„Ich glaube es nicht! Du bist online, du bist hier. Wie geht es dir?"

Wie viele Arten der Kommunikation haben wir jetzt? Egal wo man ist, man ist fast an jedem Punkt auf der Erdoberfläche erreichbar. Aber die Tatsache, dass wir überall gefunden werden können, verneint nicht die Wahrheit darüber, dass wir uns manchmal verloren fühlen.

„Mir geht's gut. Und euch? Wie geht es euch?"

Es fühlt sich an, wie in eine tiefe Höhle der Vergangenheit herunter zu schreien. Jedes Wort wird mit tausend Echos der Erinnerung reflektiert.

„Wir vermissen dich. Du machst dein Facebook ja gar nicht auf."

„Ja, ich mag kein Facebook."

Wenn 99% deiner Freunde auf Facebook aus einem Kriegsgebiet stammen, dann hast du in solch einem Programm zwei Möglichkeiten. Entweder du triffst total depressive Leute, die wegen der herrschenden Ausgangssperren zu Hause alles auf Facebook schreiben. Unter anderem, dass sie auf die Toilette müssen, was unerträglich langweilig ist. Oder voll motivierte Leute, die trotz des Krieges jeden Tag etwas schaffen und sich von nichts unterkriegen lassen, was unerträglich

peinlich ist, wenn man nicht mehr im Krieg steckt aber
trotzdem nicht seine ganze Zeit sinnvoll nutzt.
Also, kein Facebook!
„Hier ist meine deutsche Nummer. Schreib mir bitte,
Whatsapp, Viber, egal, so wie du magst."
Wie einfach es geworden ist!

„Wenn es das alles nicht gäbe, hätte ich dich nicht gehen lassen." sagt meine Mutter immer, mit ihrer traurigen Stimme, wenn sie mit mir telefoniert.

Damals gab es eine Sendung im syrischen Fernsehen,
in der versucht wurde Menschen zu finden, die durch
die Kriege, die sich durch die arabische Geschichte
ziehen, oder durch die Versuche ins Ausland zu gehen,
oder wodurch auch immer verloren gegangen sind.
Die Familien riefen dort an und erzählten die Geschichten ihrer verlorenen Söhne. Mit Hoffnung im Herzen,
haben die Mütter aufgelegt. Und sie warteten jede
Woche auf die nächste Folge. Manchmal, viele Wochen
später, konnte man die glückliche Wiedervereinigung
der Verloren geglaubten und ihrer Familien miterleben.
Und ich glaube selbst der Fernseher weinte bei diesen
Szenen.

Heute weiß man, wer lebt, würde sich melden. Denn
er hat unendliche Möglichkeiten dazu.
Dass die neuen Medien die Kommunikation millionen-
fach vereinfacht haben, das ist klar. Aber für die Familien, deren Söhne und Töchter für die Hoffnung auf ein

sicheres Leben im Asyl ihr Leben riskieren, für diese Familien sind diese Möglichkeiten nur der Weg in eine schnellere Hoffnungslosigkeit.

„Hat sich was verändert, seit dem ich weg bin? Sieht man immer noch das Elend auf den Straßen? Muss man immer noch ignorieren, dass der Himmel über der nächsten Stadt Bomben regnet?“
„Alles normal, alles das gleiche. Wir haben uns an alles gewöhnt.“
„Das nächste Jahr ist Abschluss. Hast du schon geplant, für die Zeit danach?“ frage ich.
„Ja, ich bleibe hier. Ich mache hier meine Facharztausbildung. Die Leute brauchen uns doch. Also bleibe ich hier.“
„Respekt!“
„Das schaffst du auch. Halt durch.“

Im Krieg der Heimat und im Krieg des Auslandes, schließen wir ab und kämpfen weiter.

Zum Lachen?

So armes Schwesterchen, das reicht dir an Geschichten. Unsere Mutter kann sich einfach nicht kontrollieren, sie muss das erzählen was sie erlebt. Es ist ja auch nichts was man verbergen kann, dieser Wahnsinn."

„Ja, kein Problem. Aber erzähle mir mal bitte eine Geschichte über die Tiere bei uns zu Hause."

„Wie bitte?! Tiere?"

„Ja! Wie es den Tieren geht. Weißt du, die Leute hier sind so leidenschaftlich was Tiere angeht. Du sagst Kinder, viele sagen ieeeehh, sagst du Hund dann sagen viele aaaaaah. Also Tiere. Ein Hund der 10 Minuten gebellt hat, was für seine Rasse nicht ganz so normal ist und bedeuten könnte der Hund leidet unter der Situation, so was."

„Hhhh okay, stimmt! Du weißt doch wie viele Katzen man bei uns gesehen hat damals?"

„Ja."

„Jetzt sieht man fast gar keine mehr. Manche sagen sie könnten weg gerannt sein, wegen des Schießens und des Bombenlärms."

„Aha.“

„Aber viele machen sich Gedanken, das dieses Fleisch was man im Geschäft zu kaufen bekommt …“

„Halt! Stopp! Contra produktiv, sehr contra produktiv.“

***

Einmal hab ich vor einer Freundin erzählt, dass ein Teil der Stadt Damaskus jetzt so lange eingekesselt ist, dass es nichts aber auch gar nichts mehr für die Leute zu essen gibt. Und viele vor Hunger sterben.

Sie antwortet:
„Oh je, die armen Tiere die da sind. Ich würde ihnen so gerne Futter schicken.“

Ich antworte:
„Ja, ich glaube das würden die Leute auch essen. Und übrigens, um die Tiere da brauchst du dir keine Sorgen machen, denn es ist offiziell. Gestern haben die Leute da den letzten Hund geschlachtet, um zu überleben.“

Stille.

Hoffnung

Aus Damaskus fährt er zurück in seine Stadt.
Kann er darauf hoffen, dass der böse Sperrpunkt
mit den gemeinen Soldaten einfach in die Luft
verschwindet? Ach was denkt er sich, vierzig Jahre ist
er nun alt. Fünf davon hat er jetzt im Krieg gelebt und
immer noch kann er nicht realistisch sein, mit seinen
Hoffnungen.

Was kann man sagen? Wie begründet er die volle Ladung seines Kofferraums? Hefte, Stifte, Rucksäcke und vieles mehr. Kommt Leute, man kann daraus keinen Kuchen backen. Und er lacht zu sich selbst und möchte ehrlich gesagt am liebsten weinen. Er weiß, er kann nicht mit den Soldaten scherzen. Also was zur Hölle läuft da in seinem Kopf?

Es sind doch alles Schulsachen. Für die Kinder. Er möchte damit keinen Handel anfangen und kein Geld verdienen. Mit seinem Arbeitsausweis darf er nämlich in die Hauptstadt fahren, dorthin wo man alles zu kaufen bekommt. Was konnte er sagen, als die Leiterin der Schule seines fünf jährigen Sohnes ihn darum gebeten hat die Sachen zu kaufen? Die Kinder finden keinen Stift mehr, womit sie ihre Hausaufgaben schreiben können, sie haben kein Blatt, worauf sie schreiben können. Man denkt nicht wirklich nach, man sagt nur *"ja"*. Und jetzt? Da ist die Sperre. Sie ist real. Was er sieht ist, dass sie sich nicht in Luft aufgelöst hat.

Wie kriegt er die Sachen nun rein?

  „Guten Tag Herr Soldat, was läuft so?" begegnet er
dem Soldaten, der sein Gesicht an sein Fenster gedrückt hat.
„Normal, dein Ausweis und den Kofferraum auf." befiehlt der Soldat.
„Bitte schön." er drückt den Knopf auf seinem Arma-
turenbrett und atmet langsam aus.
Ein paar Sekunden Ruhe und dann kommt es.
„Um Gottes Willen was hast du da!?" schreit der Soldat
von hinten.
„Das sind alles Sachen für die Schule Herr Soldat, für
die Kinder, damit sie lernen."
„Man darf nichts rein nehmen, die Befehle sind klar. Ich
kann dich nicht fahren lassen. Es muss alles raus." sagt
der Soldat unsicher, denn er hat ständig mit Dingen zu
tun, die die Leute rein bringen wollen. Essen, Benzin,
Medikamente alles mögliche. Aber Bücher und Hefte?
Ehrlich gesagt noch nie.
Traurig überlegt er sich, wie er noch die Situation
retten kann. Vielleicht wenn er dem Soldaten zeigen
würde, dass es nur Lernmaterial ist und keine Bomben
aber das sieht er doch. Er muss unter vier Augen mit
ihm darüber reden. Er macht die Tür auf und will aussteigen.
„Nein! Was machst du? Bleib drin." schreit der Soldat
so laut, dass es die anderen in dem Bunker hören und
nach draußen rennen.
„Was ist hier los?" schreit einer.

„Warum wolltest du aussteigen?" rennt der erste Soldat zu ihm und drückt seine Waffe an sich.

„Nichts! Ich wollte nur gucken ob ich vielleicht ein paar
Sachen wegwerfen kann. Vielleicht darf ich dann mit
dem Rest weiterfahren."

Langsam spazierend kommt aus der Kabine der Offizier.
Die Soldaten stehen so, dass der letzte das stehende
Auto mit seinem Fahrer ungestört sehen kann.

„Was hat der Mann, Soldat?" fragt er mit einem allseits
bekannten, starken Dialekt.

„Jede Menge Hefte und Stifte Herr Offizier." antwortet
der Soldat verwirrt.

„Wofür brauchst du das?" richtet der Offizier die Frage
an den Fahrer.

„Für die Schule. Herr Offizier." antwortet der Mann und
die Schweißtropfen rollen ihm auf der Stirn und dem
Rücken runter.

„Dann fahr weiter." befiehlt der Offizier ruhig und
entschlossen.

Der Soldat in seiner Überraschung sagt leise „Aber Herr
Offizier, wir sollten nichts reinlassen."

„Doch nicht das Wissen Soldat! Wir verhindern nicht
das Wissen."

Erstaunt fährt er weiter und freut sich über die kleine
Hoffnung, die der Offizier in ihm gepflanzt hat.

Wir sind das Leben

Wir gehen jeder seinen Weg. Schleichen uns hervor unter dem Kleid des Todes und laufen in Richtung des Lebens. Aus dem Land des Morgens, krabbeln wir voller Hoffnung ins Abendland, suchen dort unseren Tag.

Jeder allein, zieht er seine Reise durch. Trägt ein sehnendes Herz zwischen den Rippen und unzählbare Erinnerungen an den Menschen, welcher er einst war.

Es ist unser Krieg, den wir im Ausland bewältigen müssen. Ein Krieg den, im Gegenteil zu den anderen, den wir erlebt haben, wir uns ausgesucht haben. Denn aufzugeben war nie unser Spiel.

Wir gewinnen über jeden Tag und jede Traurigkeit, die versucht uns zu vernichten. Wir sind schön, weil wir an die Schönheit glauben und wir sind stark, so wie die Berge in unseren Ländern. Wie sie, stehen wir unbeugsam.

Alles was wir bekommen, wollen wir verdienen und wir brauchen nur eine Chance. Die Welt freut sich auf uns, denn wir sind gut und wollen sie zu einem besseren Ort machen. Wir glauben an die Menschlichkeit, immer noch und sind uns gewiss, das wir sie auf dem Weg oftmals treffen werden. Wir haben es auch schon und werden sie immer wieder treffen.

Wir sehnen uns nach der Erde die wir lieben, die Erde die uns liebt, von der wir für eine Weile Abschied genommen haben, denn sie ist zärtlich, sie ist warm wie die gequälten Herzen unserer Mütter. Aber wir wollen leben, wir müssen leben, für das Land das sich mit unserem Wachsen neue Hoffnung gegeben hat. Für die Familien die sich durch die Bitternis des Lebens durchgebissen haben. Uns zuliebe, für die Toten und für die Lebenden, für das Leben müssen wir leben.

Wir strahlen mit unseren Schmerzen, mit den Sorgen in unseren Augen, wir halten durch und wollen erfolgreich sein. Wir werden es auch, weil wir hier die Chance haben. Wir sind die Söhne und Töchter der Sonne, sie hat uns mit ihren Strahlen gefärbt und hat unsere Seelen gewärmt. Wir tragen sie in uns, seht nur wenn wir reifen dann wird sie aus uns scheinen und es wird groß.

Jeder allein, kamen wir von allen Seiten unserer Tragödie. Aber immer sind wir alle verbunden, denn es ist eine Liebe, ein Traum, ein Ziel das uns vereint. Dann sind wir Millionen, aber trotzdem eins.

Für Syrien.

Curriculum
Regelungen zum Verlauf des Studiums an einer Hoch-
schule

ein Bündel Brot
in arabischen Ländern übliche Handelsgröße für Fladenbrot, meist bestehend aus 7 Fladen, regional unterschiedlich

Um
Teil der arabischen Namen, Beiname, hier Mutter von…

Abu
Teil der arabischen Namen, Beiname, hier Vater von…

s.p.
steht für syrian pounds, die syrische Landeswährung

Barada
Fluß durch Damascus